_____ 님의 소중한 미래를 위해

이 책을 드립니다.

위대한 철학자들의
죽음 수업

무엇을 위해 살고, 무엇을 사랑할 것인가?

위대한 철학자들의
죽음 수업

몽테뉴 외 지음 | 강현규 엮음 | 안해린 외 옮김

메이트북스

메이트북스 · 우리는 책이 독자를 위한 것임을 잊지 않는다.
우리는 독자의 꿈을 사랑하고,
그 꿈이 실현될 수 있는 도구를 세상에 내놓는다.

위대한 철학자들의 죽음 수업

초판 1쇄 발행 2023년 1월 11일 **|** 지은이 몽테뉴 외 **|** 엮은이 강현규 **|** 옮긴이 안해린 외
펴낸곳 (주)원앤원콘텐츠그룹 **|** 펴낸이 강현규 · 정영훈
책임편집 안정연 **|** 편집 박은지·남수정 **|** 디자인 최선희
마케팅 김형진·유경재 **|** 경영지원 최향숙 **|** 홍보 이선미·정채훈
등록번호 제301-2006-001호 **|** 등록일자 2013년 5월 24일
주소 04607 서울시 중구 다산로 139 랜더스빌딩 5층 **|** 전화 (02)2234-7117
팩스 (02)2234-1086 **|** 홈페이지 matebooks.co.kr **|** 이메일 khg0109@hanmail.net
값 15,000원 **|** ISBN 979-11-6002-392-3 03100

지혜로운 사람에게는
삶 전체가 죽음에 대한 준비다.

• 키케로(로마의 철학자) •

죽음 수업은
곧 인생 수업이다!

'죽음'이라는 주제는 고대에서부터 지금에 이르기까지 수많은 철학자들이 답을 찾기 위해 매달려온 가장 근본적인 철학적 주제이자, 인류가 존재하는 한 최고의 고민이기도 하다. '죽음을 어떻게 대해야 하나?' '죽음이란 과연 무엇인가?' '유한한 우리는 왜 세상에 태어났는가?' '인간은 무엇을 위해 오늘을 살아가는 걸까?' 등 삶과 죽음에 대한 질문들은 몇 천 년 전의 세상을 살아간 이들에게도, 그리고 21세기 현대사회를 살아가는 우리에게도 늘 묵직한 숙제를 안겨준다.

'죽음'이라는 숙명 앞에서 자유로운 인간은 없다. 우리는 나이를 먹어가면서, 혹은 질병에 걸리면서 시시각각 다가오는 죽음 앞에

때로는 무기력하고, 때로는 두려움을 느낀다. 죽음에 대한 무기력함과 두려움이 현재를 좀먹고 있다면 그 사람의 인생은 의미 있거나 행복하기가 기본적으로 힘들다. 그래서 '죽음'이라는 주제에 대한 공부는 선택이 아니라 필수여야 하는 것이다. 죽음을 이해함으로써 현재의 삶을 더욱 온전히 이해할 수 있기 때문이다.

이 책은 지혜를 그 누구보다도 사랑한 위대한 철학자 5인의 '죽음에 대한 생각'을 한 권의 책으로 묶어낸 고전 편역서이다. 인간이라면 누구든 죽음을 피할 수 없는 법이다. 우리 인간이 유한한 생명력을 타고나는 것이 피할 수 없는 자연의 이치라면, 지금 현재와 다가올 미래를 더 지혜롭고 알차게 누리는 것이 보다 현명한 일이 아닐까?

이 책의 저자인 위대한 철학자 5인은 죽음을 두려워하며 오늘을 허비하는 것이 얼마나 잘못된 인식이며 편견인지 명쾌하게 입증하고 있다.

이 책을 관통하는 메시지는 '죽음에 대한 이해를 통해 삶을 더욱 온전히 이해할 수 있다'는 것이다. 몽테뉴를 비롯한 5인의 철학자들은 모두 한 목소리로 "죽음 수업은 곧 인생 수업!"임을 외친다.

그런 의미에서 죽음에 대한 공부가 죽음 그 자체의 속성을 파고드는 공부는 아니어야 함을, 죽음을 아는 것은 삶을 이해하는 한

방법일 뿐임을 설파한 프랑스 철학자 몽테뉴의 말은 더욱 가슴에
와닿는다.

"나는 죽음이 결론일지언정 삶의 목표는 아니라고 생각한다. 삶
의 끝이자 극단에 죽음이 있지만 그렇다고 죽음이 삶의 목적은 아
니다. 삶이 삶 자체의 목적이자 목표여야 하며 스스로 결정하고 처
신하도록 용인해야 한다. 죽음에 대한 앎은 삶을 이해하는 방법의
일부일 뿐이다."

살아가면서 길을 잃고 헤매는 고민의 순간마다 고전은 늘 우리
에게 힘이 되고 좌표가 되어준다. 변하는 세계에 변하지 않는 인간

본질에 대한 통찰, 이것이 바로 위대한 철학자들의 글이 시간과 공간을 초월해 후세대 사람들의 마음을 사로잡고, 오늘날까지 고전 중의 고전으로 추앙받는 이유이다.

이 책을 읽으면서 오늘 하루를 무심코 흘려보낸 자신을 뒤돌아보고 반성할 수 있는 기회를 가질 수 있을 것이다. 위대한 철학자들의 진심 어린 충고와 이성적인 고찰을 통해서 죽음을 이해하고 행복한 인생을 영위할 수 있는 방법에 대해 생각하는 계기도 될 것이다.

　마지막으로, 현대 독자들을 배려한 편역서의 특성상 위대한 철학자 5인의 저작들 중에서 '죽음'과 관련한 내용만을 따로 골라냈으며, 또한 시대적·역사적·문화적으로 지나치게 거리가 먼 부분은 일부 삭제하고 꼭 필요한 알맹이만 골라서 소개하였음을 알려드린다.

엮은이 강현규

차례

1장 —————

몽테뉴의
죽음 수업

3장

세네카의
죽음 수업

4장

키케로의
죽음 수업

5장

톨스토이의
죽음 수업

Montaigne

1장

몽테뉴의
죽음 수업

죽음이라는 단어를 들어도
겁먹지 않는다

사람들은 죽음이라는 단어를 듣는 것만으로도 겁을 먹고, 대부분 그 단어가 마치 악마라도 되는 듯 성호를 긋는다. 유언을 하기 위해서는 죽음을 언급해야 하므로 의사가 최후선고를 해야만 유언장을 쓰기 시작한다. 그런 고통과 두려움 속에서 얼마나 올바른 판단을 할 수 있을지는 신만이 안다.

로마인들은 죽음이라는 말이 너무도 잔인하고 거슬린다는 이유로 이를 부드럽게 돌려 말하기 시작했다. "죽었습니다"라는 말 대신 "삶을 마쳤습니다" 혹은 "생을 살았으나 이제 지나갔습니다"라고 말함으로써 서로를 위로했다.

1533년 2월 마지막 날 태어난 나는 현재 39세가 된 지 보름밖에 지나지 않았지만 죽음을 생각하기에는 여전히 그만큼의 시간이 더 필요하다. 그러나 그렇게나 먼 죽음의 일을 생각하느라 현재를 방해받는 것은 어리석은 짓이다. 결국 젊은이나 늙은이 모두 같은 조건에서 삶을 마치게 되니 말이다.

그대의 삶의 시한은 누가 정하는가? 타인의 이야기에 근거를 두지 말고 차라리 자기 삶의 실상을 보아라.

여러 가지 일들을 통해 그대는 오래 전부터 특혜를 받고 살아왔다. 그대는 일반적인 삶의 시일을 넘겨 살았다. 그대가 아는 사람들 중에 그대의 나이에 이르지도 못하고 일찍 죽은 사람의 수를 헤아려보면 알 수 있다. 또한 명성을 얻어 기품 있는 삶을 산 이들의 목록을 만들어보면 35세 이후에 죽은 사람보다 그 이전에 죽은 사람이 많을 것이다. 나는 여기에 내기도 걸 수 있다. 인간으로서의 예수 그리스도는 뭇사람들의 귀감이 되기에 이성과 신앙심이 충분했지만 33세에 생을 마감했다. 위대하다 칭송받는 알렉산드로스 역시 같은 나이에 죽었다. 죽음이 우리를 놀라게 하는 방법은 몇 가지나 있는 걸까?

담담하고 평온하게
죽음을 받아들인다

마지막 죽음의 순간에 이르면 우리는 더이상의 가식 없이 항아리 밑바닥에 감추어두었던 모든 진심을 털어놓을 수밖에 없다.

"마침내 진실한 말들이 마음 깊숙한 곳에서 터져 나온다. 가면이 벗겨지고 사람이 남는다."

그렇기 때문에 우리는 생애 마지막 날에 우리 삶의 모든 행위들을 따져보고 가늠해봐야 한다. 그날은 모든 날들의 수장이요 심판자다. 자신의 모든 지난날들을 판단해줄 것이라고 고대인들이 말하던 바로 그 날이다. 내 연구의 결과인 이 글들도 죽음이 판단할 것이다. 내 말들이 내 입에서 나왔는지 가슴에서 나왔는지 그때야 비로소 알게 될 것이다.

다른 이의 삶을 평가할 때 나는 그가 마지막 순간에 어떻게 반응했는지를 본다. 내 삶의 평가 기준 또한 내가 담담하고 평온하게 죽음을 받아들였는지가 될 것이다.

모든 곳에서
죽음을 기꺼이 기다린다

매 순간 다가오는 죽음의 모든 모습을 상상해보자. 말이 발을 헛디딜 때, 기와가 떨어질 때, 아주 작은 핀에 찔렸을 때, 즉시 "그래, 이것이 바로 죽음의 모습일 수도 있었어" 하고 되새기자. 그리고 마음을 단단히 먹고 힘쓰자. 축제와 환희의 순간에도 언제나 이 구절을 떠올리며 우리의 처지를 기억함으로써 즐거움에 너무 빠져들지 않도록 하자. 가끔 우리는 이 구절을 떠올리지 못해 쾌락에 빠지곤 한다. 이로써 죽음의 표적이 되고 위협을 받는 경우가 얼마나 많은지. 그래서 이집트인들은 연회와 같은 큰 잔치 도중에 망자의 마른 해골을 가져와 사람들에게 경고를 주곤 했다.

"매일이 그대에게 주어진 마지막 날이라고 생각하라. 그러면 그 시간이 더 바랄 것 없이 유쾌하게 느껴질 것이다."

죽음이 어디에서 우리를 기다리고 있는지는 알 수 없다. 그러니 모든 곳에서 죽음을 기다리자. 죽음에 대해 미리 생각하는 것은 곧 자유에 대해 미리 생각하는 것이다.

죽는 법을 깨우치고 나면 반대로 죽음에 속절없이 당할 거라는 두려움을 잊게 된다. 죽음이 뭔지를 알면 모든 굴복과 속박에서 벗어날 수 있다. 삶을 박탈당하는 것이 해악이 아님을 깨닫고 나면 삶에 해로운 것이 하나도 없게 된다.

삶을 사는 동시에
죽음을 산다

"이 세상에 들어갈 때처럼 나오라. 죽음에서 삶으로 두려움 없이 들어갔던 그 길이 삶에서 죽음으로 나오는 길이다."

당신의 죽음은 만유(萬有) 질서의 한 조각이자 세계의 생의 한 조각이다. 주자가 횃불을 넘겨주듯 사람들은 서로 생명을 내준다. 이처럼 아름다운 자연의 원리를 어찌 그대를 위해 바꾸겠는가? 그대는 이같이 아름다운 원리를 통해 창조되었으며 죽음은 그대의 일부다.

죽음에서 도망하는 것은 곧 자신에게서 도망하는 것이다. 지금 누리는 그대의 존재 역시 죽음과 삶에 동시에 속해 있다. 태어난 첫날부터 그대는 삶을 사는 동시에 죽음을 사는 것이다.

갑작스레 죽음이 닥쳐도
전혀 놀랄 것이 없다

나만큼 자기 삶을 불신하고 삶의 길이를 얕잡아보는 사람도 없다. 지금껏 거의 아픈 적 없이 원기 왕성하게 건강을 누려왔지만, 그렇다고 삶에 대한 기대가 늘어나지는 않았다. 그렇지만 병들었다고 해서 그 기대가 줄어들지도 않았다. 매순간 나는 죽음에서 도망하는 느낌이다. 그래서 나는 "다른 날 할 수 있는 일은 오늘도 할 수 있는 일이다"라는 말을 끊임없이 되새긴다.

우리를 종말로 이끌고 가는 것은 사실 특별한 위험도 우발도 아니다. 굳이 위협적인 사건을 겪을 때가 아니더라도, 종말은 우리가 건장하든 그렇지 않든, 바다에 있든 집에 있든, 전쟁중이든 평안할 때든, 언제나 동일하게 우리 가까이에 있다.

"사람은 모두 불안정하기 때문에 그 누구도 내일을 확신할 수 없다."

단 한 시간이 걸리는 일이라도 그것이 내가 죽기 전에 마쳐야 하는 일이라면, 아무리 짬을 내도 시간이 부족하다는 생각이 든다. 언젠가 어떤 이가 내 수첩을 뒤적이다 내가 써놓은 '죽은 이후에 이루어졌으면 하는 일'의 목록을 본 적이 있다.

나는 집에서 10리밖에 떨어지지 않은 곳에 있었지만, 집까지 무사히 도착할 수 있다는 보장이 없었으므로 건강하고 활기가 있을 때 그것을 적고자 서둘렀노라고 그에게 사실대로 말해주었다.

이렇듯 나는 내 생각들을 지속적으로 품고 스스로에게 새겨 넣기 때문에 언제나 다음에 일어날 일에 대해 준비가 되어 있다. 그래서 죽음이 내게 갑자기 닥치더라도 놀랄 일이 전혀 없다. 우리는 언제든 자신의 모습 그대로 떠날 수 있도록 신발을 신고 채비해야 한다.

오래 살건 잠시 살건
죽음 앞에서는 매한가지다

우리가 태어날 때 다른 모든 것들이 생겨나듯이, 우리가 죽을 때 다른 모든 것들도 소멸된다. 우리가 100년 후에 존재하지 못한다고 한탄하는 것은 우리가 100년 전에 존재하지 못했다고 비탄하는 것만큼이나 어불성설이다.

죽음은 또 다른 생명을 낳는다. 그렇기에 우리도 울면서 태어났고, 삶을 살기 위해 그만큼의 값을 치렀으며, 그렇게 옛 장막을 벗겨냈다. 단 한 번 겪을 뿐인 일이라면 그처럼 고통스럽지도 않다. 금방 지나갈 일로 그렇게나 오래도록 염려하는 것이 가당한가?

오래 살건 잠시 살건 죽음 앞에서는 매한가지다. 사라지고 난 후에는 길고 짧음이 아무런 의미가 없기 때문이다. 아리스토텔레스가

한 이야기를 들어보자. 히파니스 강(쿠반 강의 옛 이름-역자)에는 단 하루를 사는 작은 벌레가 있다고 한다. 아침 8시에 죽으면 요절한 것이고, 저녁 5시에 죽으면 장수한 셈이다.

이렇게나 짧은 생애를 놓고 행복과 불행을 따진다면 우리 중에 비웃지 않을 사람이 누가 있겠는가? 우리네 길고 짧음도 영원이나 자연, 어떤 동물들의 시간에 대보면 가소롭긴 마찬가지다.

자기의 시간을 다하지 않고
죽는 이는 없다

무(無)보다 더 적은 것이 있다면, 그것은 바로 죽음에 대한 염려다. 그대가 죽었든 살았든, 죽음은 우리와 아무런 상관이 없다. 살았다면 그대가 존재하기 때문에, 죽었다면 그대가 부재하기 때문에. 자기의 시간을 다하지 않고 죽는 이는 없다. 당신이 태어나기 전의 시간도, 당신이 남기고 간 후의 시간도 처음부터 당신의 것이 아니었다.

"앞서 흘러간 영겁의 시간이 너에게는 아무 의미가 없는 것을 보아라."

언제 생을 마감하든, 그게 당신 몫의 전부다. 얼마나 살았느냐가 아니라 어떻게 살았는지가 중요하다. 오래 살았지만 조금 산 것일 수도 있다. 그러니 살아 있는 동안에는 삶에 전념하라. 충분히 살았는지의 여부는 실제로 몇 해를 살았는가보다 그대의 의지에 달려 있다. 끊임없이 지향하고도 이르지 못할 만한 곳이 있는가? 끝이 없는 길은 없다. 게다가 동반자가 그대를 도와준다면, 온 세상이 왜 그대와 함께 가지 않겠는가?

"죽음에서는 모든 것이 그대를 따라갈 것이다."

그대가 움직일 때 모든 것이 움직이지 않는가? 세상에 그대와 함께 노쇠하지 않는 것이 있는가? 수많은 사람이, 수많은 동물이, 수많은 생물이 모두 당신이 죽는 그 순간 죽는다.

죽음이란 말을
입에 달고 산다

나는 죽음에 대해 상상하는 습관이 있을 뿐만 아니라 끊임없이 죽음이란 말을 입에 달고 산다. 그리고 사람의 죽음에 대해서만큼 내가 기껍게 탐색하는 주제도 없다. 특히 어떤 사람이 어디서 죽었는지보다는 죽을 때 어떤 말을 했는지, 표정과 자세는 어땠는지를 주의 깊게 살펴본다.

내가 써놓은 글들만 보아도 이 주제에 유달리 관심을 갖고 있다는 것을 알 수 있다. 내가 작가였다면 각종 죽음에 대해 해설해놓은 문집을 만들었을 것이다. 사람에게 죽는 법을 가르치는 것은 곧 사는 법을 가르치는 것이다.

사람들은 죽음의 실제 모습이 상상을 훨씬 뛰어넘기 때문에 아무리 화려한 검술도 죽음 앞에서는 패배할 수밖에 없다고 말한다.

그들이 그렇게 말하도록 내버려두어라. 미리 죽음에 대해 생각해 두면 분명 굉장히 유익하니 말이다. 어떤 변화나 흥분 없이 적어도 그런 생각을 했다는 것은 이미 작은 일이 아니지 않은가? 그뿐만 아니라 자연도 우리에게 손을 내밀어 용기를 준다. 죽음이 급작스럽고 통렬하다면 그것을 두려워할 여유가 없기 때문이다.

죽음이 천천히 온다면 나는 병세가 심각해질수록 삶을 더욱 경멸하게 될 것이다. 나는 병들어 앓을 때보다 건강할 때 죽음에 대한 결의를 소화하기가 더 힘겹다는 것을 안다. 하지만 삶의 매력을 더이상 누리지도, 추구하지도 않게 되면 죽음에 대한 공포가 부쩍 줄어든다.

나는 그렇게 내가 삶에서 멀어지고 죽음에 가까워질수록 삶과 죽음의 교환을 더욱 편안하게 받아들일 수 있기를 소망한다. 카이사르(Caesar)는 어떤 것을 가까이에서 볼 때보다 멀리서 볼 때 더 크게 느껴진다고 말했다.

나는 여러 상황에서 이를 직접 경험했는데, 그 예로 나는 실제 병에 걸렸을 때보다 오히려 건강했을 때 질병을 훨씬 두려워했었다. 내가 지금 누리는 환희, 내가 지금 느끼는 기쁨과 활기가 그 반대의 상황과 극명하게 대비를 이루어 내 상상 속에서 근심을 배가시키니 실제보다 훨씬 괴로워지는 것이다. 죽음을 경험할 때도 이 원리가 적용되기를 바란다.

죽음은 자연의 원칙에서
조금도 벗어나지 않는다

누군가에게 득(得)이 되는 것은 다른 이에게 실(失)이 된다. 하나의 예로 아테네의 데마데스(Demades)가 자기 마을의 장의사에게 유죄를 선고했다. 죄목은 그자가 많은 사람의 죽음을 통해서 엄청난 수익을 올렸다는 것이었다. 하지만 이는 잘못된 판결이다. 왜냐하면 누군가의 희생을 치르지 않고 얻을 수 있는 이익은 없으며, 그렇게 따지면 모든 종류의 소득을 단죄해야 하기 때문이다.

장사꾼은 청년이 방탕할 때, 농부는 밀 가격이 비쌀 때, 건축가는 집이 무너졌을 때, 사법관은 소송과 분쟁이 있을 때 돈을 잘 번다. 성직자들 역시도 우리가 죽거나 악을 행할 때에야 존경을 받고 제 역할을 한다.

어느 고대 그리스 희극에서는 자기 친구들이 건강할 때 기뻐하는 의사 없고, 자기 마을이 평화로울 때 좋아하는 병사 없으며, 이것은 다른 이들도 마찬가지라 했다. 심지어 개개인이 자기 속을 들여다보면, 결국 우리가 간절히 바라는 일은 누군가의 희생을 통해 싹트고 자라남을 발견할 것이다.

이 생각을 하다 보니 죽음이 자연의 원칙에서 조금도 벗어나지 않는다는 것을 깨달았다. 자연학자들은 모든 것의 기원, 성장, 발달이 다른 것의 변질과 퇴화에 상응한다고 간주한다.

"무언가 변하고 본성을 거스른다는 것은 이전에 존재하던 것의 죽음을 의미한다."

늙어서 자연스레 죽는 것은
드물고 이례적인 일이다

극심한 노화로 기력이 쇠해 죽는 것이 가장 드문 죽음일진대 이것을 인생의 목표로 삼아 기다리는 것은 그 얼마나 황당무계한 생각인가? 마치 추락해서 목이 꺾이거나 난파를 당해 질식하거나 흑사병이나 늑막염이 걸려 맞이하는 죽음은 자연을 거스르는 일이며 일상적인 상황에서는 이런 일들이 닥치지 않는 듯이, 우리는 노사(老死)하는 것만을 자연스럽다고 말한다. 이 좋은 말에 아첨하지 말고 무조건 일반적이고 공통적이며 보편적인 죽음만을 자연스러운 죽음이라 부르자.

늙어서 죽는 일은 드물다. 독특하고 이례적인 이 죽음은 다른 죽음보다 결코 자연스럽지 않다. 노사는 죽는 방법 중에 최후이자 극단적인 방법이며 요원하기에 고대하지 않는 죽음이다. 또한 우리가 넘어갈 수 없는 경계선이며 자연의 법칙이 우리에게 금지한 한계다. 그러나 동시에 노쇠에 이르기까지 사는 것은 자연이 허락한 희귀한 특권이다. 2~3세기에 한 명에게나 예외적으로 베푸는 자연의 특별한 호의이며, 그렇게 오래 사는 동안에 겪을 수 있는 모든 어려움을 제해준다.

내가 하고자 하는 말은 우리만큼 나이 먹은 사람도 사실은 그리 많지 않다는 것이다. 사람들이 보통 이 나이에까지 이르지 않는다는 사실은 우리가 그들보다 앞서 있다는 것을 의미한다. 그리고 우리가 일반적인 나이를 넘어선 현재야말로 우리 삶을 평가하는 기준이 되므로 여기에서 더 넘어가기를 바라지 않아야 한다. 이때까지 우리는 많은 사람들이 걸려 넘어지는 죽음의 순간을 잘 피해왔다. 그러니 우리가 삶을 연명해온 것이 기이한 행운이었음을 깨닫고 통상적인 기간이 지나고 나면 이 행운도 끝나리라는 것을 알아야 한다.

늙음이 나를 어디로 끌고 갈지는
알 수 없다

나이가 들수록 우리 영혼은 심각한 질환과 결함에 더 쉽게 노출
되는 것 같다. 젊은 시절에 내가 이 말을 했을 때는 사람들이 나를
보며 턱수염도 나지 않은 어린애가 뭘 아느냐며 비웃었다. 이제는
수염이 희끗해졌으니 좀더 신망 있게 말할 수 있다. 나이가 들어
성격이 까다롭고 세상사에 불평하는 것을 우리는 '지혜'라 부른다.

　하지만 우리는 나쁜 습관을 버리지도, 바꾸지도 않으며 오히려
더 심화시키는 것 같다. 늙은 영혼은 어리석고 무익하게 오만방자
하며, 성가시게 지껄이거나 괴팍하고 비사교적인 성격을 갖고 있
으며, 미신 따위를 믿고, 이제는 쓸 일도 없으면서 바보같이 부에
집착한다. 그뿐만 아니라 더 탐욕스럽고 불의하며 교활하다. 늙으
면 얼굴보다 영혼에 주름이 더 많이 생긴다. 그렇게 거칠어지고 곰

곰팡이가 슬지 않는 영혼은 없거나 아주 드물다. 모든 인간은 성장하는 동시에 쇠퇴한다.

소크라테스가 얼마나 지혜로웠는지를 알고 또 그가 어떤 정황에서 유죄판결을 받았는지를 알기 때문에 '그가 그 상황을 일부러 조장하고 묵인한 것은 아닐까'라는 생각을 해본다. 그도 70세에 이르러 점차 정신적으로 무기력해지고 특출한 명석함을 잃어갔을 것이기 때문이다.

노년기에 들수록 변해가는 사람들의 모습을 내 주변에서도 매일매일 어찌나 많이 봤는지 모른다. 늙는다는 것은 부지불식간에 퍼지는 자연스럽지만 위험한 질병이다. 우리를 압도하는 결함에 대비하고 최소한 그 진척을 늦추기 위해 각별히 주의하고 끊임없이 노력해야 한다.

내가 아무리 방어한다 할지라도 늙음은 조금씩 나를 덮쳐올 것이다. 내가 할 수 있는 한 저항하겠지만 늙음이 나를 어디로 끌고 갈지는 알 수 없다. 내가 어디서 쓰러질지 알면 과연 더 행복해질까.

내 삶의 안락과 즐거움에 죽음이 자리 잡기를

여행을 하다가 숙소에 들어가면 거의 매번 '이곳에서 편안하게 아프거나 죽을 수 있을까?' 하는 생각이 머리에 스친다. 내가 묵고 싶은 장소는 음산하거나 담배에 절어 있지 않고, 소음이 없으며 숨 막히지 않는 곳이다. 이런 세세한 것들로 죽음의 환심을 산다. 좋게 표현하자면 아무런 방해 없이 나를 충분히 괴롭힐 죽음만을 기다릴 수 있도록 모든 장애물을 제거한다. 내 삶의 안락과 즐거움에 죽음이 자리 잡았으면 좋겠다. 그렇게 죽음은 크고 중요한 자리를 차지하고 있으며 앞으로도 그러기를 바란다.

죽음의 종류 중에는 비교적 편안한 죽음도 있으나 개개인의 상상에 따라 다양한 모습을 취한다. 자연사 중에서는 쇠약해지고 둔해지는 죽음이 부드럽고 완만한 것 같다. 극단적인 죽음 중에서는 붕괴 사고로 깔려 죽는 것보다 낭떠러지에서 떨어져 죽는 편이, 소총에 맞아 죽는 것보다 예리한 검에 찔려 죽는다는 상상이 더 견디기 힘들다. 그리고 소 카토(Cato)처럼 자신의 칼로 스스로를 찌르느니 소크라테스처럼 독배를 드는 편이 낫다. 결국엔 똑같이 죽음을 맞이하겠지만 죽는 방법을 상상해보면, 활활 타는 화덕에 뛰어드는 것과 잔잔한 강물에 뛰어드는 것 사이에는 죽음과 삶만큼이나 큰 차이가 있다. 이렇듯 우리는 어리석게도 결과보다 과정을 더 두려워한다.

죽음은 한순간의 일이지만 상당히 중요하다. 그러므로 나는 내 방식대로 죽기 위해 기꺼이 내 인생의 여러 날을 할애할 수 있다.

빨리 늙기보다는
늙어 있는 시간을 최소화한다

유년에는 앞을 바라보고 노년에는 뒤를 돌아보는 것이야말로 야누스의 두 얼굴이 아닌가? 세월은 원하는 대로 나를 이끌고 가지만 나는 뒷걸음질쳐서 간다. 내 눈으로 지나간 아름다운 시절을 볼 수 있기에 나는 이따금 시선을 그리로 돌리곤 한다. 옛 시절이 내 피와 혈관에서 빠져나간다 하더라도 최소한 그 이미지는 기억 속에 오래도록 간직하고 싶다.

"지나간 삶을 향유하는 것은 두 번 사는 것과 같다."

플라톤은 노인들에게 운동이나 댄스, 젊은이들의 놀이에 참여하면서 그들이 더이상 갖고 있지 않은 젊은 신체의 유연함과 아름다움을 즐기며, 청춘의 축복과 특권을 되새겨볼 것을 권장한다. 그리고 그중에서 가장 분주하게 가장 많은 사람들을 즐겁게 해준 젊은이에게 공을 돌리라고 권했다.

예전에는 고통스럽고 어두운 날들이 예외라고 생각했다. 그러나 이제는 그런 날들이 일상적이며 오히려 아름답고 맑은 날이 예외가 되었다. 나에게 나쁜 일이 일어나지 않을 때는 은혜라도 입은 것처럼 기뻐서 펄쩍 뛰고 싶을 정도다.

나를 간질여야 이 초라한 몸뚱이에서 메마른 웃음을 간신히 끌어낼 수 있다. 나는 번민과 늙음에 집중하지 않으려고 하는 상상이나 몽상에서만 즐거움을 누린다. 그러나 공상 이외에 다른 방편이 필요하다. 기교로 자연에 맞선다는 것은 무력한 투쟁이다. 모두

가 그렇듯 인간의 사소한 역경들을 기다리거나 연장하려는 시도
는 대단히 어리석은 짓이다.

나는 빨리 늙기보다는 늙어 있는 시간을 최소화하고 싶다. 그
래서 나는 내가 겪을 수 있는 가장 작은 기쁨의 순간까지도 움켜
쥔다.

신중하고 강하며 빼어난 여러 종류의 즐거움에 대해 들어본 적
이 있다. 그러나 내가 이 모든 즐거움의 종류를 안다 한들 그것이
어떤 욕구를 불러일으킬 만큼의 영향력을 가지지는 않는다. 이제
는 그렇게 웅장하고 장엄하며 호화스러운 즐거움도, 감미롭고 쉽
고 여유 있는 즐거움도 바라지 않는다.

죽음은 결론일지언정
삶의 목표는 아니다

죽음을 당하는 것보다 죽음을 준비하는 것이 대부분의 사람을 더 고통스럽게 하는 것은 분명하다. 오래전에 어느 명민한 작가가 이렇게 말했다.

"육체적인 고통 자체보다 그것에 대한 생각이 우리 감각에 더 영향을 준다."

죽음에 직면하면 우리는 '절대 피할 수 없는 일은 더이상 피하지 않겠노라'며 즉시 결심한다. 옛날의 수많은 검투사들은 싸울 때는 비겁했을지라도 그들 앞에 놓인 죽음은 담대하게 받아들였다. 적군의 검에 목을 내어주며 의연하게 죽음을 맞이했다. 이에 비해 죽음이 오기 전에 죽음을 대면하는 일은 의지를 다지는 데 오랜 시간을 필요로 하기 때문에 더욱 어렵다. 죽는 법을 모르더라도 괜찮다. 자연이 장차 충분하고 완전하게 알려줄 것이다. 자연이 그대를 위해 이 일을 맡아줄 테니 애쓰지 않아도 된다.

"인간은 불확실한 죽음의 시간과 죽음으로 가는 길을 알고자 헛되이 힘쓴다. 급작스럽고 확실한 불행보다 불행을 기다리는 것이 더 고통스럽다."

죽음을 생각하면 삶이 동요하고 삶을 생각하면 죽음이 동요한다. 하나가 우리를 괴롭히면 다른 하나가 우리를 불안하게 한다. 하지만 죽음은 한순간이다. 그러니 따로 죽음에 대비할 필요는 없다. 결과도 피해도 없는 순간의 고통에 특별한 규범은 필요 없다.

철학은 우리에게 죽음을 항상 눈앞에 두고, 미리 생각하라고 지시한다. 그리고 이러한 예지와 생각이 우리를 다치게 하지 않도록 주의사항과 규칙을 알려준다. 이는 약물과 의술을 시험해보기 위해 우리를 병들게 하는 의사들의 행태와 같다. 사는 법을 모르는 사람에게 죽는 법을 가르치고 그 일생의 마지막을 변형시키는 것은 부당하다.

의연하고 평온하게 사는 법을 알았다면 그렇게 죽는 법도 알 것이다. 철학자들은 자기 마음대로 자부한다. "죽음을 연구하는 데 삶 전체를 바쳤다"라고.

그러나 나는 죽음이 결론일지언정 삶의 목표는 아니라고 생각한다. 삶의 끝이자 극단에 죽음이 있지만 그렇다고 죽음이 삶의 목적은 아니다. 삶이 삶 자체의 목적이자 목표여야 하며, 스스로 결정하고 처신하도록 용인해야 한다. 죽음에 대한 앎은 삶을 이해하는 방법의 일부일 뿐이다. 죽음에 대한 염려에 무게를 실어주지만 않는다면 이는 가벼운 삶의 요소일 수 있다.

침대보다는 말 위에서,
집 밖에서 죽고 싶다

젊을 때는 보편적인 의견에 순응하며 자제할 줄 알아야 한다. 이
것은 타인을 위해서도, 자신을 위해서도 득이 되는 일이다. 그러나
우리처럼 나이가 들고 나면 자기 자신을 건사하기도 벅차다. 자연
적인 안락이 사라져갈 때는 인위적인 안락에 기대야 한다.

　젊을 때는 즐거움을 좇아도 된다고 하면서 노년에 이를 금하는
것은 부당하다. 젊었을 때 나는 생기발랄한 열정을 신중함 뒤로 감
추었으나 나이가 들어서는 우울감을 떨치기 위해 방탕을 즐긴다.

　"그렇게 나이가 들어 긴 여행을 떠나면 결코 돌아올 수 없을 것
이오!"

그게 무슨 상관인가? 내가 여행을 떠나는 것은 돌아오기 위함도 아니요, 끝까지 가기 위함도 아니다. 단지 움직이고 걷는 것이 좋아 움직이고 걸을 뿐이다. 이익이나 토끼를 쫓아 달리는 사람은 진정으로 달리는 것이 아니다. 술래잡기를 하거나 시합을 위해 훈련하는 사람만이 진정으로 뛰는 자들이다.

내 계획은 큰 기대를 갖고 세워진 것도 아니고 각 단계가 곧 마지막이기 때문에 어떻게 갈라져도 상관이 없다. 인생의 여정도 같은 방식으로 흘러간다.

타향에서 죽을 것을 겁내거나 내 친한 벗들과 떨어져서 죽는 것을 불편하다 생각했다면 나는 프랑스를, 내 구역을 두려움 없이 벗어나지 못했을 것이다. 죽음이 내 목과 허리를 지속적으로 조여옴을 느낀다. 그러나 나는 다르게 생각한다. 어디서 죽든 다 똑같다고. 만일 죽음을 선택할 수 있다면 침대보다는 말 위에서, 집 밖에서 내 사람들과 먼 곳에서 기꺼이 죽음을 맞이하고 싶다.

내가 겪는 자연적 쇠퇴에 대해
불평하지 않는다

내 얼굴과 눈은 내 상태를 단번에 드러낸다. 모든 변화가 거기에서 시작되며 실제보다 조금 더 강하게 표현된다. 나는 이유 없이 친구들의 동정심을 유발할 때가 종종 있다. 그러나 나는 거울을 보고도 놀라지 않는다. 젊은 시절에도 안색이 좋지 않고 거동이 불편해 보이며 징조가 좋지 않았던 적이 여러 번 있었기 때문이다.

심지어 의사들조차 그러한 외적 변화의 원인을 찾지 못해 정신적인 문제라고 말하며 내면의 은밀한 격정이 나를 좀먹고 있다고 말했다. 그러나 그들이 틀렸다. 내 몸이 내 영혼만큼 뜻대로 되었다면 나는 조금 더 수월하게 걸을 수 있었을 것이다. 그 당시 내 영혼에는 문제가 없었을 뿐만 아니라 오히려 만족과 기쁨으로 가득했다. 이는 성격 덕분이기도 했고 일정 부분 의도적이기도 했다.

내 몸이 수차례 무너질 때도 정신의 온기가 내 몸을 일으켜 세워주었던 것 같다. 그만큼 나의 정신은 쾌활하거나 혹은 평온하고 안정적이었다. 또한 4~5개월 동안 사일열을 앓았을 때 내 몸은 완전히 망가졌으나 정신만은 유쾌하게 유지되었다. 고통이 떠나가면 쇠약과 우울도 나를 그다지 슬프게 하지 않았다.

이름만 들어도 겁나는 육신의 질병이 무수히 많지만 나는 내가 실제로 겪는 수천 개의 격정과 정신의 동요가 더 두렵다. 그래서 나는 내가 겪는 자연적 쇠퇴에 대해 불평하지 않는다. 그리고 내 인생이 참나무의 수명만큼 길고 강하지 않다고 해서 아쉬워하지도 않는다.

내 운명이 위대해지기를
바란 적은 없다

불행을 견디는 것은 대단히 힘겹지만 반대로 초라한 운명을 받아들이고 영화(榮華)를 포기하는 것은 그리 큰 노력을 요하지 않는다. 이것은 나 같은 사람도 별 어려움 없이 깨달을 수 있다. 그러나 이런 포기에 영광이 동반되는 줄 모르는 사람들은 어떻게 해야 할까? 여기에는 위대해지는 쾌감과 욕망보다 더 큰 야심이 있는데도 말이다.

나는 제국이나 왕권과 같은 고결한 운명의 위대함을 바란 적은 추호도 없다. 그런 것을 바라기엔 나는 정말 자신을 사랑한다. 나를 높이고자 생각할 때도 제한되고 위축된 정도의 진보만을 바랄 뿐이다.

카이사르와 반대로 나는 파리에서 최고가 되어 사느니 페리괴 (Perigueux)에서 2등이나 3등으로 사는 편을 선호한다. 그리고 거 짓말이 아니라, 파리의 최고위 관직보다는 세 번째 정도가 낫다고 생각한다. 이름 모를 부랑자처럼 문지기와 언쟁하는 것이나 경의 의 표시로 나에게 인사하는 군중을 헤치고 지나가는 것이나 싫기 는 매한가지다.

내가 중간 계층을 좋아하는 것은 내 운명이자 취향이다. 신이 나 에게 허락한 환경을 넘어볼 생각을 하지 않았음은 내가 하는 일과 인생을 통해 드러난다.

자연적으로 주어지는 것들은 쉽고 편안하다. 내 영혼은 워낙 겁쟁이라 좋은 운명을 그 중요도에 따라서가 아니라 용이성에 따라 평가한다. 그러나 내 마음은 아주 넓지는 않을지언정 개방적이며 약점을 담대히 드러낼 줄 안다.

토리우스 발부스(Thorius Balbus)와 레굴루스(Regulus)의 인생을 비교한다고 가정해보자. 토리우스는 신사답고 잘생기고 학식 있으며 건강했고, 온갖 매력과 오락에 능한 사람이었다. 하지만 그는 홀로 평온한 삶을 향유했다. 반면 레굴루스는 우리 모두가 아는 것처럼 고상하고 도도했으며 훌륭한 최후를 맞이했다. 한 사람은 이름도 빛도 없이, 한 사람은 모범적이고 놀라울 만큼 영광스럽게 생을 마감했다.

키케로만큼 멋지게 말할 수만 있다면 그가 한 말을 따라했을 텐데, 나의 말로 해야 한다면 이렇게 표현하겠다. 첫 번째 사람은 내가 본받을 수 있는 역량과 열망의 수준에 있었지만, 두 번째 사람과 나의 간극은 너무 크다. 그래서 두 번째 사람은 내가 동경만 할 수 있지만, 첫 번째 사람은 실천한다면 나도 쉬이 닿을 수 있을 것 같다.

나는 인생을
남보다 두 배로 즐겼다

'소일거리(passe-temps)'나 '시간을 보낸다(passer le temps)'라는 일
상적인 표현들을 보면 삶이 성가시고 하찮은 존재인 마냥 그저 흘
리고 달아나고, 지나치고 피하며, 할 수 있는 한 회피하고 도망하
는 것 외에 나은 방도가 없다던 '신중한' 사람들의 태도를 알 수 있
다. 그러나 나는 인생을 다르게 본다.

삶은 귀중하며 안락하다. 내가 지금 머물고 있는 마지막 순간
까지도 말이다. 자연이 우리에게 이렇게 좋은 환경을 주었으므로
우리를 압박하거나 공연히 빠져나간대도 우리는 항의할 수 없다.

"어리석은 자의 인생은 즐거움 없이 완전히 미래만을 향해 있
어 불안하다."

나는 후회 없이 삶을 떠나기로 마음먹었다. 그러나 이는 삶을 상실할 수밖에 없기 때문이지, 결코 귀찮거나 고통스러워서가 아니다. 삶을 즐기는 사람이 죽음을 싫어하는 사람보다 더 잘 견딘다.

　삶을 즐기는 방법은 있다. 나는 인생을 남들의 두 배로 즐겼는데, 즐거움의 크기는 내가 얼마나 전심전력했는지로 측정할 수 있다. 그리고 내 인생이 얼마나 짧은지를 보는 지금, 나는 즐거움에 더 깊이 잠기고 싶다. 민첩하게 달아나는 삶을 민첩하게 붙잡고 싶다. 서둘러 흘러가는 인생을 더 잘 활용함으로써 보상받고 싶다. 인생이 짧을수록 더 깊고 풍성하게 만들어야 한다.

남은 인생만큼은
온전히 나를 위해 산다

타인을 위한 삶은 충분히 살았다. 이제 남아 있는 인생만큼은 자신을 위해 살자. 모든 생각과 의도가 우리 자신과 우리의 안위를 지향하게 하자. 확실한 자기만의 방을 마련하는 것은 매우 중대한 일이라 다른 일과 병행하기에는 다소 벅찰 수 있다. 하지만 신이 우리에게 떠날 겨를을 주었으니 채비를 하자.

짐을 꾸리고 직장에서 미리 휴가를 얻자. 그리고 다른 것에서 자신을 분리시켜 우리를 옭아매는 폭력적인 속박들을 풀어내자. 그 속박이 아무리 강력할지라도 의무감에서 벗어나 이제는 이러저러한 것들을 사랑하되, 오직 자신과만 혼인해야 한다.

다시 말해 모든 것과 관계를 맺되 자신의 일부를 벗겨내거나 뜯어버리지 않고서는 그것과 분리될 수 없을 만큼 결합하거나 달라붙지 말아야 한다. 세상에서 가장 위대한 일은 자기 자신을 아는 일이다.

이제는 우리가 사회에 기여할 것이 없으므로 사회에서 벗어날 때가 되었다. 무언가를 빌려줄 수 없는 사람은 빌리지도 말아야 한다. 기력이 쇠하고 있으니 남은 힘은 안으로 끌어모아 자신을 위해서만 쓰자.

사람들은 쇠약해져가는 우리를 쓸모없고 불쾌하고 성가시게 여긴다. 하지만 우리 자신에게까지 쓸모없고 성가시고 불쾌한 존재가 되지 않도록 주의해야 한다. 자기 자신을 보듬고 어루만지며, 무엇보다 본인의 이성과 의식을 스스로 통제해서 사람들이 보는 앞에서 치욕스럽게 실족하지 않아야 한다.

"스스로를 충분히 존중하는 사람은 드물다."

어릴 때는 배워야 하고, 성인이 되어서는 숙달해야 하며, 나이가 들었을 때는 어떠한 의무도 없이 자유롭게 살아야 한다고 소크라테스가 말했다.

잘 살고 잘 죽기 위해
나는 공부한다

우리는 많은 실수들을 놓친다. 그러나 타인이 그것을 들추어냈을 때도 깨닫지 못하는 것은 판단의 결함이다. 학문과 진리는 우리의 판단 없이도 존재할 수 있으며 판단도 학문과 진리 없이 존재할 수 있다. 자신의 무지를 인지한다는 것은 가장 아름답고 확실한 판단의 증거다. 사물에 대해 더 잘 이해하고 싶지만 이에 대해 대가를 치르고 싶지는 않다. 내 소망은 남은 생을 고생 없이 평온하게 보내는 것이다.

제아무리 중요한 학문도 예외는 아니다. 독서도 순전히 심심풀이로써 책 속에서 즐거움을 찾을 목적으로 하는 것뿐이다. 내가 공부를 한다면 그것은 오로지 스스로를 더 잘 알기 위한 일이며, 잘 살고 잘 죽는 법을 배우기 위함이다.

Aurelius

2장

아우렐리우스의
죽음 수업

나는 이 세상에 태어나 반드시 해야 할 일이 있다

많은 말이라든지, 포도나무라든지, 존재하는 모든 것은 어떤 목적을 위해 창조되었다. 이것은 전혀 의아스러운 말이 아니다. 심지어는 태양조차도 당신에게 이렇게 말할 것이다. "내가 여기서 해야 할 일이 있다." 하늘에 있는 그 밖의 다른 존재들 또한 이구동성으로 말할 것이다.

그렇다면 당신은 어떤 목적을 가지고 세상에 태어났는가? 단순히 세상을 즐기기 위해서? 그런 생각이 과연 용납될 수 있다고 생각하는가?

우주가 무엇인지 모르는 사람은 자기가 어디에 있는지 알지 못한다. 우주의 목적이 무엇인지 모르는 사람은 자기가 어떤 존재인지 알 수 없다. 이 둘 중 어느 것 하나라도 제대로 이해하지 못한 사람은 자신이 무엇 때문에 이 세상에 태어나게 되었는지조차 설명할 수 없다.

그렇다면 자신이 어디에 있는지, 자기의 존재가 무엇인지도 모르면서 소리나 질러대는 군중들의 찬사를 추구하려 하고, 또는 그들의 비난을 회피하기 위해 애쓰는 사람에 대해 당신은 어떻게 생각하는가?

이 세상을 살아가는 나는
모래알과도 같은 존재다

거대한 우주의 장엄함을 생각해보라. 그 속에서 당신이 차지하는 부분은 얼마나 미미한가? 무한의 시간을 생각해보라. 당신에게 할당된 시간은 그저 휙 지나가버리는 찰나에 불과하다. 운명의 섭리를 생각해보라. 당신은 그 안에서 얼마나 무기력한 존재인가?

당신은 전체 안에서 오직 한 부분에 불과하며, 당신을 낳아준 자연으로 사라질 존재이다. 당신은 우주의 창조적 이성으로 다시 한 번 변화되어야 할 존재이다.

자연의 목적에 따라
모든 사물이 생겨났다 사라진다

자연은 항상 분명한 목적을 가지고 있으며, 이 목적에 따라 사물의 시작과 존속, 그리고 사멸이 이루어진다. 자연의 목적은 마치 공을 던지는 사람과 같다.

공이 위로 올라간다고 해서 공에게 어떤 이로움이 있을까? 반대로 공이 아래로 떨어진다고 해서, 혹은 땅에 떨어진 후 멈춰 선다고 해서 공 그 자체에 어떤 해로움이 있겠는가? 물거품이 일어나는 것은 좋은 일이고, 그 물거품이 사라지는 것은 나쁜 일이라고 할 수 있을까?

나에게 일어나는 모든 일들은
애초에 예정되어 있었다

당신에게 일어나는 모든 일들은 태초부터 당신을 위해 예정된 것들이다. 인과라는 직조물 속에서 당신이라는 존재의 실은 매 순간 구체적인 사건과 얽혀 짜여지고 있는 것이다. 무슨 일이 벌어지든지, 그 모든 일들은 정당한 이유를 가지고 있다. 사물을 세심하게 관찰해보라. 그러면 이것이 진리임을 깨닫게 될 것이다.

사건의 연속성 속에는 단지 그 결과만 홀로 존재하는 것이 아니라 공정하고 합당한 질서가 내재되어 있는데, 이는 모든 사물에 합당한 권리를 부여하는 신의 섭리에 의한 것이다.

이 세상에 정지해 있는 사물은
아무것도 없다

항상 뒤따르는 일들은 선행된 일들과 밀접히 연관되어 있을 뿐, 각각 고립된 채 독자적으로 진행되는 것이 아니다. 게다가 이미 존재하는 모든 것들이 조화롭게 균형을 이루고 있듯이, 앞으로 생성될 모든 것 또한 유기적 연관성 속에서 경이롭게 나타나는 것이다.

"흙이 썩어 물이 되고, 물이 증발해 공기가 되고, 공기로 인해 불이 타오르듯이, 사물은 순환을 계속한다"는 헤라클레이토스의 격언을 항상 명심하라. 시간은 강물과 같아서 모든 피조물들을 끊임없이 흘러가게 한다. 하나의 사물이 나타나는가 하면 이내 곧 과거 속으로 사라져버리고, 뒤이어 또 다른 사물이 생겨날지라도 그역시 쉬이 스쳐 지나가버리고 만다.

아무런 목적 없이 사는 것은
우주의 목적에 어긋난다

우주의 주기는 위아래를 오르내리며 영원부터 영원까지 끊임없는 순환을 계속하고 있다. 우주의 정신이 하는 일이란 각각의 개별적인 사건들이 연속성을 갖도록 하는 것인지도 모른다.

그렇다면 우리는 모든 사건의 결과를 받아들여야 한다. 아니 어쩌면 우주 정신에게는 오직 단 한 번의 본질적 의지 행위만 있었을 뿐, 그 밖의 다른 활동들은 단지 부수적 결과에 지나지 않는지도 모르겠다. 하나의 사건이 다른 사건의 모체가 되는 그런 식으로 말이다. 이를 달리 표현하면 사물들은 각기 별개의 단위들이든지, 아니면 하나의 분리되지 않는 전체라는 것이다.

만약 그 전체가 신이라면 아무 것도 염려할 게 없겠지만, 그것이 어떤 목적도 없는 우연이라 할지라도 당신 역시 아무런 목적 없이 살아서는 안 된다. 머지않아 우리 모두는 대지에 덮이게 될 것이다. 그리고 대지 역시 시간 속에서 변화할 것이다. 이 변화로 인해 생겨난 것들도 결국 끊임없이 변화해갈 것이며, 다시 우주의 목적에 따라 제자리를 찾게 될 것이다.

모든 활동의 적당한 때를 정하는 것은 자연의 몫이다

어떤 일이라도 적절한 순간에 그만둔다면, 그 때문에 피해가 발생하는 일은 없다. 또한 행하는 주체도 그것을 그만둔 것 때문에 해를 입지는 않는다. 우리의 모든 활동의 총체라고 할 수 있는 인생도 마찬가지다.

적절한 때에 정지하면 그 정지 때문에 상처를 남기지 않으며, 일련의 활동을 적시에 마친 사람도 부당하게 해를 당하는 일이 없다. 그러나 그 적당한 시간과 시기를 정하는 것은 자연의 몫이다.

때때로 우리가 늙어가는 문제처럼 인간 자신의 본성에 의해 추진되는 일도 있지만, 일반적으로 대부분의 사건은 자연에 의해 결정된다고 할 수 있다. 자연은 자신에 속한 각각의 부분들을 끊임없이 새롭게 함으로써 우주가 언제나 젊고 활기에 넘치도록 한다. 그래서 이러한 자연의 이치에 따르고 있는 것들은 무엇이든지 항상 아름답고 활짝 핀 상태를 유지하게 되는 것이다.

따라서 인간의 죽음 역시 악은 아니다. 왜냐하면 그것은 인간의 의지와는 전혀 상관이 없으며, 또한 공익의 문제와 관련된 사항도 아니기 때문이다. 죽음을 수치스럽거나 힘겹게 생각할 이유는 전혀 없다. 오히려 우주의 질서와 유지를 위해서는 시의적절한 것이다.

어떤 존재도
죽음을 피할 수는 없다

에픽테토스가 말하기를, "당신이 자녀와 입맞춤을 하는 순간에도 마음속으로 '어쩌면 너는 내일 죽을지도 모른다'고 생각하라"고 했다. 사람들이 너무 불길한 말씀이라고 투덜거리자 그는 이렇게 답했다. "그것은 전혀 불길한 말이 아니다. 단지 자연의 한 행위를 묘사했을 뿐이다. 이것이 불길하다면 잘 익은 옥수수를 수확한다는 것도 불길한 일이 아니겠는가!"

죽음이란 출생과 마찬가지로 자연의 신비 중의 하나이다. 출생할 때 결합되었던 요소들이 해체되면서 죽음에 이르게 된다. 따라서 죽음은 전혀 수치스러운 일이 아니다. 어떤 존재라 할지라도 죽음은 예외가 될 수 없고, 결코 창조의 섭리에 반하는 것도 아니다.

생이 마치 천 년이나
남아 있는 것처럼 살지 마라

모든 사람의 실체는 썩어 없어지도록 예정되어 있다. 물과 흙과 뼈와 악취로 썩을 것이다. 우리가 귀하게 여기는 대리석은 땅이 응고된 것이며, 우리들이 갖고 있는 금과 은도 땅의 침전물에 불과하다. 우리의 옷은 한 줌의 털로 짠 것이고, 자색 빛깔도 물고기의 피에서 나온 것이며, 다른 모든 사물들도 다 이런 식이다.

우리들 생명의 호흡 역시 예외가 아니어서 이것에서 저것으로 변화한다. 당신의 생이 마치 천 년이나 남아 있는 것처럼 살지 마라. 죽음은 늘 당신의 눈앞에 다가와 있다. 그러므로 생명의 힘이 남아 있을 때 선한 일을 하는 데 힘써라.

내게 죽음의 순간이
언제 닥칠지 전혀 개의치 마라

만약 신이 당신에게 나타나 "내일이나 모레쯤 네 생명을 거두어갈 것이다"라고 말했다 치자. 당신이 아주 비굴한 사람이 아닌 이상, 제발 내일 데려가지 말고 꼭 모레 데려가 달라고 애걸복걸하지는 않을 것이다. 도대체 내일과 모레 사이에 얼마나 큰 차이가 있는 가? 마찬가지로 마지막 죽음의 순간이 내일 닥칠지, 혹은 수년이나 수십 년 후에 닥칠지 개의치 마라.

잠시 후면 당신의 눈앞에 펼쳐진 모든 것들이 사라지게 될 것이다. 그 사라져가는 것을 바라본 사람들도 머지않아 같은 길을 가게 될 것이다. 당신은 아주 오랜 장수를 누리고 죽는 노인이나 요람에서 죽는 아기 사이에 얼마나 큰 차이가 있다고 생각하는가?

내가 세상에 머문 시간이
긴들 짧은들 아무 차이가 없다

당신이 3천 년, 혹은 3만 년을 산다고 할지라도 사람은 누구든지 그가 살아가고 있는 현재의 삶 이외에는 어떤 것도 잃지 않으며, 또한 그가 소유한 것도 오직 상실해가고 있는 현재의 삶밖에 없다는 사실을 기억해야 한다.

장수를 누리는 삶이나 단명한 삶이나 결국은 마찬가지일 뿐이다. 왜냐하면 현재라고 하는 시간은 존재하는 모든 사람들이 똑같이 소유하고 있는 것이지만, 한번 지나가 버린 시간은 더 이상 우리의 소유가 될 수 없기 때문이다. 우리가 잃게 되는 것은 덧없이 지나가는 순간뿐이다. 아무도 이미 지나가 버린 과거나 아직 닥치지 않은 미래를 잃을 수는 없다. 어떻게 소유하지도 않은 것을 잃었다고 할 수 있겠는가?

우리는 언제나 두 가지 사실을 명심해야 한다. 첫째, 만물은 태초부터 반복되는 형태를 가지고 주기를 거듭해왔다. 그래서 이 동일한 광경을 당신이 백 년, 이백 년, 아니 영원히 관조한다 할지라도 달라질 것은 없다. 둘째, 아주 오래 살다 죽은 사람이나 아주 일찍 요절한 사람이나, 그들이 잃게 되는 것은 정확하게 같다. 두 사람 다 오직 공통적으로 소유하고 있던 '현재'라는 것만을 잃을 뿐, 그가 소유할 수 없는 그 밖의 것은 잃을 수도 없다.

죽음 그 자체가 더이상
공포의 대상이 될 수 없다

행동이나 충동, 판단이 정지하는 것은 잠깐 멈춰 선 것이고, 일종의 죽음이라고 할 수는 있겠지만 악이라고 말할 수는 없다. 당신의 성장 단계를 회고해보라. 유년기·소년기·청년기·장년기 등 각 단계의 변화는 일종의 죽음인 셈인데, 그 변화에 어떤 두려움이 있었단 말인가?

이번에는 당신이 할아버지 밑에서 살았던 시절을 회상해보고, 그 후에 아버지·어머니 밑에서 지냈던 삶을 생각해보라. 그 시절들 속에서 수많은 차이점과 변화와 단절들을 찾아보게 될 것이다.

이제 스스로에게 물어보라. '그러한 것들이 과연 두려운 것이었나?' 별로 두렵지 않았다면 마찬가지로 인생 그 자체의 정지, 중단,

변화 또한 두려워할 것이 못 되는 것이다. 손에 무엇을 쥐고 있든 지 매번 잠깐 멈춰 서서 이렇게 자문해보라. '내가 죽음을 두려워 하는 것은 이것을 잃게 된다는 생각 때문은 아닌가?'

그때그때 자신에게 일어나는 일들을 유일한 선으로 받아들이 고, 올바른 이성에 따르기만 한다면 성취한 일들이 많든 적든 상관 없다. 세상에 머문 시간이 길든 짧든 문제를 삼지 않는 사람에게는 죽음 그 자체가 더 이상 공포의 대상이 될 수 없다.

사람들의 선의와 사랑을 간직한 채
죽음에 임하라

누군가 임종의 순간을 맞이할 때 곁에 둘러선 사람들 가운데 그의 죽음을 기뻐하는 사람이 없다면 세상에 그처럼 복된 사람도 없을 것이다. 아무리 도덕군자나 현자의 죽음이라 할지라도 "마침내 스승님으로부터 벗어나 자유를 찾게 되었구나. 그는 심하게 야단치는 분은 아니었지만 나는 그가 말없이 얼마나 우리를 무시하는지 진작부터 느끼고 있었는걸"이라고 속으로 쾌재를 부를 사람이 어디 단 한 사람도 없겠는가?

도덕군자의 최후가 이러할진대 우리 같은 사람들은 얼마나 많은 친구들이 우리의 죽음을 반기며, 사실 그럴 만한 이유는 또 얼마나 많겠는가!

당신이 죽게 될 때는 이렇게 생각하라. '내가 힘이 되어주고, 기도해주고, 염려해준 친구들조차도 나의 죽음으로 인해 자기들에게 돌아올 조그만 이익을 기대하며 내가 어서 죽기를 바라는 그런 세상을 나는 지금 떠나게 되었다. 세상이 이렇게 삭막한데, 이런 세상에 미련을 갖는 사람들은 도대체 어떤 사람들일까?'

이런 생각을 하면 당신은 보다 편안한 마음으로 세상을 떠나게 될 것이다. 그렇다고 해서 그들에게 서운한 감정을 가지고 떠나가라는 말은 아니다. 당신에게 친숙한 이전의 우정과 선의와 사랑은 끝까지 간직해야 한다. 그리고 죽음이 갑자기 목을 비트는 것처럼 느끼지 말고, 영혼이 육체로부터 쉽게 빠져나올 수 있도록 평온한 가운데 임종을 맞이하라.

예전에 자연은 당신을 그들과 인연 맺게 해주었고, 그래서 당신은 그들에게 속했는데, 이제 자연은 그 끈을 끊으려 한다. 그럴 때는 이렇게 말하라. "나는 나의 친족들로부터 놓여질 것이다. 그러나 아무런 저항도, 어떠한 강요도 없이 나의 길을 가련다."

죽는다고 해서 내 생명이
완전히 끝나는 것이 아니다

죽는다고 해서 우주 밖으로 떨어져 나가는 것은 아니다. 여전히 이 세상에 머물면서 변화를 거치고, 많은 분자들로 해체될 뿐이다. 그래서 다시 우주와 당신을 형성하는 구성 요소가 되는 것이다. 이처럼 요소들은 변화에 변화를 거듭하지만 결코 불평하는 법이 없다.

이제 곧 당신은 아무 것도 아닌 존재가 되고, 당신의 눈에 보이는 모든 사물들도 현재 생존해 있는 모든 사람들과 함께 또한 그렇게 될 것이다. 만물은 이렇게 변화하고 사라지고 소멸되기 위해 태어나고, 그들의 빈자리를 또 다른 것들이 채워가게 될 것이다.

죽음을 두려워하는 사람은 모든 감각이 사라지는 것을 두려워하든지, 아니면 새로운 감각을 갖게 되는 것을 두려워하든지 둘

중 하나이다. 실제로 당신의 모든 감각이 사라져 아무 것도 느낄 수 없게 된다 해도, 당신에게 해로울 일이 무엇이겠는가? 그렇지만 만약 죽음이 새로운 감각을 갖게 하는 것이라면, 당신은 새로운 존재가 되는 것이고, 따라서 당신의 생명도 끝나는 것이 아니다.

사려 깊은 사람은
오히려 죽음을 미소로 맞이한다

죽음을 경멸하지 마라. 오히려 죽음에 대해 미소를 짓자. 죽음도 자연이 계획하는 것 중의 하나이다. 청년이 되고 장년이 되는 것, 자라고 성숙하는 것, 이가 나고 수염이 자라고 백발이 성성해지는 것, 임신하고 출산하는 것, 그 밖에 인생의 계절이 우리에게 가져다주는 다른 모든 자연의 흐름처럼 죽음 또한 우리가 해체되는 자연스러운 일이다.

사려 깊은 사람은 죽음을 경시하거나 초조해 하거나 멸시하지 않고, 다만 그것을 자연의 또 다른 과정으로 이해하고 가만히 기다릴 것이다. 당신이 아내의 뱃속에서 아기가 태어나기를 기다리는 것 같은 심정으로 가련한 영혼이 그 껍질로부터 빠져나오는 그 순간을 기다려라.

그렇지만 당신의 마음이 만약 소박한 위안이라도 받길 원한다면, 죽음에 직면했을 때 당신이 떠나게 될 주위 사물의 속성들과 이제 더 이상 씨름할 필요가 없게 된 인물들을 생각해보라. 그 이상 더 좋은 위로는 없을 것이다. 그렇다고 그들에게 분을 품으라는 뜻은 아니다. 당신은 최후의 순간까지 그들을 사랑하고 부드럽게 용납해야 한다.

당신은 지금, 당신과 아주 다른 원칙을 가지고 살았던 사람들을 떠나려 하고 있다는 사실을 결코 잊지 마라. 우리에게 혹시라도 삶에 미련을 갖게 하는 것이 있다면, 그것은 아마 우리와 유사한 정신을 가진 사람들과 교제하는 경우일 것이다. 하지만 당신은 사람들과 하나가 되지 못하고 산다는 것이 얼마나 진저리 나는 일인가를 너무나 잘 알고 있다. 그래서 당신은 이렇게 외칠 것이다. "죽음이여, 어서 오라. 나까지도 인생의 본분을 망각하는 일이 없도록!"

나는 목숨이 다할 그 순간까지
자연의 길을 따라가리라

의사들은 질병으로 고통스러워하는 환자들을 눈살을 찌푸리며 내려다보았고, 점성가들은 아주 근엄하게 곧 죽음에 직면할 고객들의 운명을 점쳤지만, 그들 역시 모두 결국 죽고 말았다. 죽음과 불멸에 대해 끊임없이 장황한 설명을 늘어놓았던 철학자들도 결국 죽었고, 수많은 이들의 생명을 빼앗아간 잔인한 정복자들도 결국 죽었다. 마치 자신들은 영원히 죽지 않을 신이나 된 것처럼 오만방자하게 다른 사람의 생사를 손에 쥐고 절대 권력을 휘둘렀던 전제 군주들도 결국 죽었다.

또한 당신이 알고 지냈던 사람들의 죽음을 하나하나 회상해보라. 한 사람이 죽으면 다른 사람이 장사를 지내고, 그 장사한 사람도 후에는 땅에 묻혀 또 다른 사람이 그의 장사를 지낸다. 이 모든 일들이 그야말로 순식간에 벌어진다. 그러니 유한한 인생이란 얼마나 덧없고 허무한가!

어제는 한 방울의 정액이었던 것이, 내일에는 한 줌의 재로 변한다. 그러므로 이 세상에서의 덧없는 세월을 자연의 섭리에 따라 순응하며 살라. 저 잘 익은 올리브 열매 하나가 자신의 생명을 낳아준 나무에 감사하고 자신을 길러준 대지를 축복하면서 땅에 떨어지듯이, 평안히 당신의 여생을 마치도록 하라.

나는 목숨이 다해 안식을 누리게 될 그 순간까지 자연의 길을 묵묵히 따라가리라. 날마다 숨 쉬던 공기 속에 나의 마지막 호흡을 되돌려주고, 내 아버지의 씨와 어머니의 피와 유모의 젖이 유래되었던 대지의 품에 나는 마침내 묻히게 될 것이다. 대지는 그렇게 오랜 세월 동안 나에게 일용할 양식과 음료를 제공해주었고, 나의 발자국과, 심지어는 여러 가지 이유로 오용했던 나의 과실까지 받아주었다.

세상과의 작별에
그 어떤 주저함도 없는 삶을 살라

인간의 육체와 생기와 정신은 무엇인가? 육체는 감각을 위한 것이고, 생기는 행동의 원천이며, 정신은 원칙을 위한 것이다. 감각의 능력은 마구간의 소에게도 있고, 충동에 이끌려 살아가는 모습은 야수에게서나 독재자에게서도 찾아볼 수 있다. 삶의 바른 길을 일깨워주는 인간의 정신 역시 신을 부정하는 자나, 조국을 배신한 자, 혹은 문을 걸어 잠그고 온갖 악한 행동을 일삼는 자들에게서도 똑같이 발견된다.

그래서 인간이라면 누구나 공통된 형태를 물려받았다고 할 수 있지만, 선한 사람에게는 그만의 독특한 특성이 있는 것 또한 사실이다. 이는 자신에게 예정된 운명이 가져다주는 모든 경험을 기꺼이 받아들이고 사랑하는 것이다.

선한 사람은 자신의 가슴속에 자리잡고 있는 신성이 더럽혀지거나 난잡한 상념으로 어지럽게 되는 것을 거부한다. 그는 자신의 신성이 깨끗하게 보존되도록 애쓰며, 진리만을 말하고, 정의로운 행동만을 하기로 다짐함으로써 내면의 신에게 예의 바른 복종을 다하고자 한다.

비록 모든 사람들이 그의 소박하고 겸손하며 기쁨이 넘치는 삶을 믿지 않는다고 할지라도 그는 아무에게도 분을 품지 않으며, 자신의 생이 다할 때까지 궁극적 목표에서 벗어나지 않고 본분을 지키며 순결하고 평화로이 목적지에 다다른다. 그리고 세상과의 작별에 주저함 없이 운명이 정해준 수명과 완벽한 조화를 이룬다.

내일부터의 인생을
특별 보너스라 여기면서 살아라

모든 존재하는 사물이나 혹은 이후에 생겨나게 될 사물조차도 얼마나 빨리 우리를 스쳐 지나가며 사라져버리는지를 거듭 생각하라. 모든 존재는 끊임없이 흐르는 강물과 같아서 멈춤이 없고, 그 활동은 영원토록 변화를 거듭하며, 그 원인 또한 무한히 바뀌어간다. 결국 이 세상에 정지해 있는 사물은 아무것도 없다.

바로 우리 곁에는 무한한 과거와 미래가 위용을 자랑하고, 모든 사물은 깊은 영원의 심연 속으로 자취를 감춘다. 이런 상황 속에서도 인생의 시간이 마치 영원한 것처럼 갈망하고, 노여워하며, 안달하는 인간은 얼마나 어리석은가! 자신의 체중이 300파운드에 채 미치지 못한다고 해서 애통해 할 사람은 아무도 없을 것이다. 그런데 왜 사람들은 자신의 수명이 더 오래 주어지지 않는다

고 안달인가? 당신에게 주어진 체중에 만족하는 것처럼 당신의 수
명에도 만족하라.

오늘 나에게 임종의 순간이 다가와 생을 마감하게 되었다고 간
주하라. 그러면 앞으로 주어질 시간들은 계약서에도 없는 특별 보
너스처럼 느껴지게 될 것이다. 그 보너스를 가지고 자연에 순응하
며 살아라.

살아생전의 명성은
신기루처럼 헛된 일에 불과하다

기억하는 사람이든 기억되는 사람이든, 우리 모두는 하루살이 인생들이다. 머지않아 당신은 앙상한 뼈만을 드러낸 채 한줌의 재로 변할 것이다. 남는 것은 당신의 이름뿐, 아니 그 이름마저 쉬이 사라지게 될 것이다. 이름이란 단지 공허한 메아리에 불과하다. 사람들이 이생에서 소중하게 생각하는 일들은 모두 헛되고, 부패하고, 쓰레기와 같은 것이다.

인간은 서로를 물어뜯는 강아지와 같고, 환하게 웃다가도 금방 토라져 싸우고 울음을 터뜨리는 어린아이와 같다. 신뢰와 겸양과 정의와 진리는 '광활한 대지에서 올림푸스 산꼭대기로' 사라져버린다. 그럼에도 아직 그대를 이 지상에 머물게 하는 것은 무엇인가?

감각의 대상은 변덕스럽고 순간적인 것들이며, 감각 기관들도 둔해서 속아 넘어가기 십상이다. 가련한 영혼도 피로부터 발산되는 증기에 불과할진대, 세상의 명성 또한 헛된 일이 아닐 수 없다. 그러므로 죽음이 영원한 소멸이든지, 아니면 새로운 상태로의 이동이든지, 마음을 가다듬고 평안히 종말을 기다려라.

사후의 평가에 집착하는 인생은
너무나도 덧없다

인간은 세월의 현재라는 순간 속에서만 살아간다. 그 밖의 나머지 인생은 과거 속으로 사라져버렸거나 아니면 아직 다가오지 않았다. 유한한 인생이란 이렇게 미미한 것이며, 단지 지구의 작은 모퉁이를 살아갈 따름이다. 그토록 찬사를 받고 명성을 누리던 사람들이 싸늘한 망각의 늪에 묻히고 만 것이 그 언제던가! 그 찬사를 보낸 이들 역시 우리의 눈앞에서 사라진 지 얼마나 오래던가!

가장 오랫동안 남는다는 사후의 명성 또한 사소한 것이다. 비록 그것이 신속하게 사라질 가련한 인생들에 의해 전해진다 하더라도, 그들은 자기 자신의 일조차 깨닫지 못하는 사람들인데 어찌 오래 전에 죽은 사람의 일을 기억할 수 있을까. 사후의 명성에 집착해 번뇌하는 사람은 자신을 기억하는 모든 사람들 역시 곧 죽음을 맞이하게 된다는 사실을 깨닫지 못하는 자이다. 활활 타올랐다가 이내 사그라져버리는 불씨처럼, 시간의 흐름 속에서 기억의 마지막 불꽃도 결국에는 소멸되고 만다.

설사 당신을 기억하는 사람들이 영원히 죽지 않는다든지, 그들의 기억이 영원히 지속된다고 할지라도 그것이 당신에게 무슨 의미가 있겠는가? 무덤 속에 있는 당신에게 명성 따위는 분명 아무것도 아니다. 심지어 당신의 살아생전에조차 약간의 도움을 주는 경우를 제외한다면 사람들의 칭송이 가져다주는 것이 도대체 무엇인가? 장차 사람들이 나를 어떻게 평가할 것인가에 집착하고 있다면, 확실히 당신은 자연이 오늘 당신에게 베푼 은혜를 거절하면서 허송세월하고 있는 것이다.

힘들고 괴로울수록
자아라는 작은 영역으로 물러서라

당신을 어지럽히는 것은 무엇인가? 인간들의 사악함인가? 그렇다면 이성을 가진 모든 존재는 서로를 위해 창조되었다는 원리를 기억하라. 인내는 정의의 일부이며, 인간은 일부러 악행을 일삼지는 않는다. 사람들이 가졌던 그 수많은 증오, 의심, 원한, 갈등들을 생각해보라. 그것들은 지금 그 사람들과 함께 먼지와 재가 되어 완전히 사라져버리지 않았는가.

우주로부터 부여받은 당신의 운명 때문에 불만인가? 그렇다면 '지혜로운 섭리가 아니면 세상은 요지경 속이 될 것이다'는 진리를 상기하라. 이 세상은 마치 하나의 국가와 같다는 사실을 많은 증거들이 밝혀주고 있다는 것을 생각하라. 육체의 질병이 당신을 괴롭게 하는가? 그렇다면 정신은 반드시 육체로부터 분리되어 자신의 위력을 발휘한다는 사실과, 육체의 호흡이 편안하든지 거칠든지 정신과는 아무런 상관이 없음을 되새겨라. 요컨대 그동안 당신이 고통과 쾌락에 대해 배우고 익힌 모든 것을 상기하라.

거품 같은 명성 때문에 괴로워하는가? 그렇다면 모든 것이 당신의 눈앞에서 얼마나 빨리 잊혀지는지, 또한 우리의 전후에 영원의 심연이 둘러싸고 있음을 기억하라. 갈채의 메아리는 얼마나 공허하고, 찬양하는 자들의 판단은 얼마나 변덕스러우며, 인간의 무대는 얼마나 협소한가.

이 세계는 단지 하나의 점에 불과하며, 우리 자신의 거주지는 그안의 미세한 모퉁이에 지나지 않는다. 거기에 당신을 칭찬하는 사람들이 있다면 얼마나 있겠으며, 또한 그들은 얼마나 허무한 존재들인가? 그러므로 이제부터는 자아라는 작은 영역으로 물러설 줄 알아야 한다. 무엇보다도 지나치게 씨름하거나 긴장하지 말고 자기 자신의 주인이 될 것이며, 남자답게 여자답게 인간답게, 그리고 언젠가는 죽어야 할 유한한 존재답게 인생을 바라보라.

많은 진리들 가운데 다음 두 가지만큼은 언제나 깊이 묵상하라. 첫째, 외적인 사물은 인간의 정신에까지 효력을 미치는 것은 아니므로, 마음의 동요는 오직 내면의 관념으로부터 오는 것이다. 둘째, 지금 당신의 눈앞에 보이는 모든 사물은 순식간에 변화하며 결국은 사라져버리고 만다. 그 끊임없는 변화들 속에 당신 역시 한 부분임을 기억하라.

이성 이외의 다른 그 어떤 것에도
예속되어서는 안 된다

나라는 존재는 무엇인가? 가련한 육체와 한줄기 숨결, 그리고 이 것들을 지배하는 이성의 복합체이다. 이 외에 지식은 나를 구성하는 요소가 될 수 없다.

더 이상 지식을 탐하지 말고 그냥 잊어버려라. 육체에 관해서는 마치 임종의 순간을 맞이한 사람처럼 초연한 자세를 가져라. 육체는 피와 뼈, 동맥과 정맥, 신경 등이 뒤엉켜 있는 것에 불과하다. 숨이란 또 무엇인가? 그 역시 공기의 한 순환에 불과해 매 순간 숨 쉴 때마다 계속해서 새로운 공기를 들이마시고 있을 뿐이다.

그러나 인간의 이성에 대해서는 깊은 관심을 가질 필요가 있다. 이성은 인간을 지배하는 실질적 주인이다. 다른 어떤 것에도 예속

되어서는 안 된다. 사리사욕에 사로잡혀 이성을 춤추는 꼭두각시가 되게 하지 마라. 오늘의 일에는 불평하고, 내일의 일에는 불안해하면서 주어진 운명을 한탄하는 것을 삼가라.

외부적인 요인에 의해
일어나는 일들에 동요되지 마라

하루하루가 마지막 날인 것처럼 살아라. 절대로 화를 내지 말고, 몰인정하지 않으며, 자기를 과시하지 않는 것. 이것이야말로 완전한 인격에 도달하는 길이다.

외부적인 원인에 의해 일어나는 일들에 대해 마음이 동요되지 말고, 내부적인 원인에 의해 발생하는 일들에 대해 바르고 공정하게 행동하라. 당신의 의지와 행위가 모두 사회적 규범과 본성의 법칙을 따르도록 하라.

인생의 참된 기쁨은
자연이 준 본분을 다하는 데 있다

진실로 겸손하고 교양을 갖춘 사람은 모든 사물을 생성하고 소멸시키는 자연에게 이렇게 외칠 것이다. "당신이 원하는 것을 주고, 당신이 원하는 것을 거두어가소서!" 그러나 오만함으로써가 아니라, 오직 순수한 복종과 선의의 뜻으로 말하라.

인간의 참된 기쁨은 자기의 본분을 다하는 데 있다. 인간에게 주어진 본분이란 주위의 사람들에게 덕을 베풀고, 감각적인 충동을 잘 다스리며, 사물의 외형과 실체를 구분하는 것뿐만 아니라, 우주적 자연과 그 활동에 대한 탐구를 끊임없이 지속해 나가는 것이다.

나를 괴롭히는 고민의 대부분은
나의 공상이 빚어낸 것들이다

당신을 괴롭히는 고민들 가운데 상당 부분은 전적으로 당신의 공상이 빚어낸 쓸데없는 것들이다. 당신에게서 이런 것들을 제외하고, 보다 넓은 세계로 들어갈 수 있도록 하라.

당신의 생각이 우주를 포용하고, 영원한 시간을 묵상하며, 모든 피조물들의 빠른 변화에 유의하고, 당신의 출생에서 죽음에 이르는 짧은 순간을 출생 이전의 무한과 죽음 이후의 영원과 비교하면서 자기를 넓혀가라.

가지지 못한 것들 대신
가진 축복들을 헤아려보라

당신이 지금 가지지 못한 것을 소유하고자 하는 욕망에 사로잡히기보다는, 당신이 가진 축복들을 헤아려보라. 당신이 그것들을 가지지 못했을 때 당신이 얼마나 간절히 그것들을 갈망했는가를 생각하면서 감사히 여겨라.

그렇지만 그것들을 너무 소중하게 여기고 기뻐한 나머지, 나중에 그것들을 잃게 되었을 때 마음의 평화가 깨지는 일은 없도록 하라.

사람들의 찬사와 비난은
칼의 양날과도 같음을 알아라

헤아릴 수 없이 많은 군중들의 신비적인 종교 의식, 폭풍우와 맑은 날을 가리지 않고 계속되는 그들의 항해, 그리고 태어나서 더불어 살다가 죽어가는 천태만상의 삶을 높은 곳에서 내려다보라. 또한 지나간 세대, 앞으로 올 세대, 그리고 아득한 옛날의 유목민처럼 방황하며 살아가는 사람들의 삶을 생각해보라.

얼마나 많은 사람들이 당신의 이름조차 알지 못하는가? 얼마나 많은 사람들이 당신의 이름을 곧 잊게 될 것인가? 또한 당신에게 찬사를 보내는 얼마나 많은 사람들이 금세 당신을 비난하며 나설 것인가? 그러므로 기억이라든지 영광이라든지 그 밖의 어떤 것도 아무런 가치가 없다는 사실을 명심하라.

지금 나에게 지워져 있는 짐은
오직 현재만의 것이다

인생 전체를 생각하면서 자기 자신을 혼란에 빠뜨리지 마라. 즉 당신에게 닥칠 모든 문제와 다양한 형태의 불행들을 머릿속에 열거하지 않도록 하라. 오히려 문제를 하나씩 생각하면서 이렇게 자문하라. '이까짓 것도 참지 못하고 견뎌내지 못할까!'

이런 자신감이 생기지 않는다면 스스로를 부끄럽게 여겨라. 그리고는 지금 나에게 지워져 있는 짐은 미래도 과거도 아닌, 오직 현재만의 것임을 기억하라. 그 현재의 짐조차도 그것의 한계를 엄격히 제한하고, 그렇게 사소한 일조차도 이겨내지 못하는 자신의 나약한 정신력을 다그쳐 나간다면 훨씬 가볍게 느껴질 것이다.

괴로워하는 대신
고통을 없애기 위해 실행에 옮겨라

만일 당신이 외적인 일들로 인해 고통을 받는다면, 당신이 느끼는 고통은 그 일 자체에서 기인하는 것이 아니라 그 일을 받아들이는 당신의 관념 때문에 생겨난다. 하지만 당신은 언제든지 그러한 고통을 퇴치할 수 있는 능력을 가지고 있다.

어떤 문제의 원인이 자신의 성격에 있다고 한다면, 당장 당신의 품성을 고치는 일에 착수하라. 그 일을 누가 방해할 수 있겠는가? 또한 당신을 괴롭히는 문제가 객관적으로 옳은 일임에도 당신의 행동이 이에 미치지 못하기 때문이라면, 그렇게 괴로워하는 대신에 그 일을 실행에 옮기면 될 것이다.

당신은 "그렇게 못하는 것은 도저히 극복할 수 없는 장애물이 있기 때문이다"라고 말할지 모른다. 그런 경우라면 염려하지 않아도 된다. 당신이 감당할 수 없는 일들은 당신의 책임이 아니기 때문이다. '그러나 그 일을 해결하지 않고서는 살맛이 나지 않는다'고 느껴지는가? 그렇다면 자신에게 주어진 사명을 완수하고 즐겁게 죽는 사람들처럼 그 좌절감을 간직한 채 가벼운 마음으로 세상을 하직하라.

한 점에 불과한 우리가
화해하지 못하는 것은 덧없다

인간의 육체를 놓고서 그 실상이 무엇인지를 생각해보라. 그것이 늙었을 때, 병들었을 때, 혹은 죽었을 때 어떻게 되는지를 살펴보라. 칭찬하는 사람도, 칭찬을 받는 사람도, 또한 기억하는 사람도, 기억되는 사람도 얼마나 덧없는 세월을 살고 있는가? 그들은 이 지구상에 얼마나 작은 모퉁이를 차지하고 있을 뿐인가?

그런데도 사람들은 서로 간에 결코 화해할 줄 모른다. 아니 그것은 차치하고서라도 자기 자신과도 일치하지 못한다. 지구에서 보잘것없는 한 점에 불과한 존재들이거늘.

Seneca

3장

세네카의
죽음 수업

삶이 순식간에 끝난다며
불평하지 마라

많은 사람들이 자연의 짓궂은 섭리에 대해 불만을 토로한다. 극히 제한적인 수명을 타고나는 것도 모자라서 그 짧은 생마저 눈 깜짝할 사이 정신없이 지나가버리기 때문이다. 그 때문에 극소수의 사람들을 제외하고는 대부분 인생을 준비하다가 어느 순간 삶의 끝자락에 도달하고는 한다.

지극히 평범한 사람들과 무지한 대중들만 이런 보편적인 자연 현상에 대한 안타까움을 눈물로 호소하는 것은 아니다. 한때 두각을 나타냈던 유명인들조차 인생의 덧없음에 대해 불평한 바 있다. 그래서 가장 유명한 의술가 히포크라테스도 "인생은 짧고 예술은 길다"라고 외쳤던 것이다.

누구에게는 삶이 짧지만
누구에게는 충분히 길다

철학자 아리스토텔레스도 '인생의 짧음'이라는 자연의 섭리에 대해 불만의 목소리를 높인 바 있다.

"자연은 동물에게 인간의 다섯 배, 열 배가 넘을 만큼 넉넉한 수명을 주었다. 하지만 엄청난 업적을 성취하는 인간에게는 아주 짧은 수명을 정해주었다."

수명의 짧음이 아니라
시간 낭비가 문제다

사실 수명이 짧은 것이 문제가 아니라 대부분의 시간을 낭비한다는 것이 문제다. 인생은 충분히 길고 제대로 잘 활용한다면 위대한 과업을 이루고 남을 정도로 충분하다.

하지만 방탕을 일삼고 무관심하게 살며 옳지 못한 목적을 위해 시간을 소비한다면, 자기도 모르게 인생이 바람처럼 지나가버린다. 결국 죽음이라는 마지막 관문 앞에 도달했음을 너무 늦게 깨닫고 만다.

수명을 짧게 타고난 것이 아니라
짧게 만드는 것이다

인간이 수명을 짧게 타고난 것이 아니라 스스로 짧게 만드는 것이고, 인생이 짧은 것이 아니라 스스로 낭비하고 있는 것이다. 주체할 수 없을 정도로 엄청난 부를 가져도 주인을 잘못 만나면 금세 바닥나고 미미한 재산이라도 주인을 잘 만나면 금세 불어나듯이, 우리가 타고난 수명도 적절히 활용한다면 충분히 풍요롭게 사용할 수 있다.

타고난 수명도
잘 활용하면 충분히 길다

왜 자연에게 불평을 늘어놓는가? 자연은 우리에게 자애로움을 베풀었고 제대로 사용하는 법만 익힌다면 인생은 충분히 길다.

그런데도 어떤 사람은 끝도 없이 탐욕을 부리고, 어떤 사람은 아무짝에도 쓸모없는 목표에 매달린다. 술에 취해 흥청거리는 사람이 있는가 하면, 게으름에 찌들어 매일 빈둥거리는 사람도 있다. 어떤 사람은 끝없이 타인의 평가에 휘둘리며 명예를 얻으려 애쓰고, 어떤 사람은 돈에 대한 욕망에 눈이 멀어 바다와 육지를 떠돌며 방황한다. 어떤 사람은 타인에게 위협적인 존재가 되고 싶은 욕망에 사로잡혀 타인을 위협하며 전투욕을 불태우고, 또 어떤 사람은 누가 시키지 않았는데도 자기보다 잘난 사람을 맹목적으로 보필하며 하인 노릇을 하느라 진땀을 뺀다.

인생에서 방향이 없다면
가짜 인생에 불과하다

많은 사람들이 다른 사람이 가진 부를 빼앗으려고 혈안이 되어 있거나 자기가 가진 것에 대한 불만을 늘어놓는다. 또한 언제나 불만에 쌓여 있으며 한 가지 목표를 정하지 않고 매번 새로운 목표를 세우면서 변덕스럽게 행동한다. 어떤 사람들은 일정한 인생의 방향을 정하지 않고 반쯤 잠든 상태로 무기력하게 살아가다가 한순간 죽음의 포로가 되기도 한다.

우리는 어느 위대한 시인이 한 말에서 인생의 진리를 찾을 수 있다. "우리가 진정으로 살아가는 것은 그저 일부분에 지나지 않는다." 나머지 것들은 진짜 인생이 아니라 그저 시간일 뿐이다.

욕망의 포로가 되면
인생은 한없이 짧아진다

우리는 수많은 악덕들의 틈새에서 압박을 받는다. 이러한 악덕들은 우리가 자리에서 일어나 진리를 똑바로 직시할 수 없도록 방해한다. 또한 우리를 욕망의 포로로 만들어버린다.

욕망의 포로가 되어버리면 결코 다시는 우리 자신으로 돌아갈 수 없게 된다. 만약 잠시나마 마음의 평온을 찾을 수 있는 기회를 얻는다고 해도 폭풍이 지나간 바다 위로 넘실거리는 파도처럼 여전히 좌우로 휩쓸릴 뿐이므로 욕망으로부터 완전히 자유로워질 수 없다.

그간 스스로를 위해 쓴
시간을 계산해보자

삶의 마지막을 얼마 남겨두지 않은 노인을 붙잡고 이렇게 묻고
싶다.

"당신은 이제 삶의 끝자락에 와 계시군요. 백 세 혹은 그 이상의
나이가 당신을 짓누르고 있습니다. 지금까지 인생을 돌이켜 생각
해보시면 어떨까요? 얼마나 많은 시간을 채권자에게 빼앗겼는지
요? 얼마나 많은 시간을 애인에게 또 후원자에게, 그리고 부부싸
움을 하느라 빼앗겼습니까? 얼마나 많은 시간을 도시를 활보하는
데 보냈나요? 거기에 본인의 잘못으로 생긴 질병을 더하고 하릴없
이 낭비한 시간까지 더해보면 기대했던 것보다 훨씬 적은 시간만
남을 겁니다. 당신이 확고한 계획을 세웠던 시간을 헤아려보고, 자
신이 의도한 대로 흘러간 날이 얼마나 적은지, 스스로를 위해 할애

한 시간이 얼마나 되는지 계산해보십시오. 언제 자연스러운 표정을 지었고, 언제 두려움에 떨지 않았고, 또 지금까지 오랜 세월을 살면서 어떤 것을 성취했는지, 당신이 모르는 사이에 얼마나 많은 사람들이 당신의 인생을 빼앗았고, 아무 근거 없는 고통과 어리석은 쾌락, 탐욕스러운 욕망과 사회 활동으로 얼마나 많은 것을 잃었는지, 이제 당신에게 남은 것이 얼마나 적은지를 헤아려보세요. 그러면 아직 때가 되지도 않았는데 벌써 인생을 마감하게 되었다는 사실을 깨닫게 될 겁니다."

영원히 살 것처럼
행동하지 마라

왜 우리는 이런 삶을 자초하는가? 우리는 영원히 살 수 있는 것처럼 행동한다. 본인의 나약함을 인지하지 못하며 얼마나 많은 시간이 흘러가버렸는지도 인지하지 못한다. 끝없이 샘솟는 우물에서 시간을 퍼다 쓰기라도 하듯 시간을 낭비하고 있는 것이다. 누군가를 위해 혹은 무언가를 위해 할애하는 그날이 바로 마지막 날이 될 수도 있는데 말이다.

우리는 유한한 존재처럼 모든 것을 두려워한다. 그러면서도 무한한 존재라도 된 것처럼 온갖 것을 갈구한다.

인생을 마감할 순간에
새 삶을 시작하지 마라

많은 사람들이 입을 모아 이렇게 말할 것이다. "내 나이가 쉰이 되면 현업에서 은퇴할 것이고 예순이 되는 해에는 모든 업무에서 손을 뗄 겁니다." 그렇지만 그만큼 오래 살 수 있다는 보장이 어디 있을까? 우리가 바라는 대로 모든 것이 이루어지리라는 확신은 어디서 생기는 것인가?

아무짝에도 쓸모없는 다소간의 시간만을 남겨두고 좋은 세월을 낭비한다면 정말 부끄러운 일이 아닌가? 인생을 마감해야 할 순간에 새로운 삶을 시작한다면 너무 늦지 않겠는가? 그때까지 살 수 있을지 없을지도 모르는 상황에서 쉰의 나이, 예순의 나이가 되어서야 제대로 삶을 설계해서 살겠다고 말하다니, 인간이 유한한 존재라는 것을 망각한 어리석은 발상이 아니고 무엇이겠는가!

인생이 아무리 짧아도
충만하게 살아갈 수 있다

비록 천 년이 넘는 세월을 살아야 한다고 해도 우리 인생은 찰나에 지나지 않을 것이다. 이는 자명한 진실이다. 인간의 악덕은 수없이 길고 긴 시간을 한입에 집어삼킬 것이 분명하다.

인생이 눈 깜짝할 사이 손가락 사이로 빠져나가는 것이 아무리 자연스러운 일이라고 해도 이성을 통해 이를 충분히 연장시킬 수 있다. 그럼에도 시간은 재빨리 도망치려고 들 것이다. 왜냐하면 인간은 흘러가는 시간을 붙잡거나 멈추려고 하지도 않으며, 언제든 다른 것으로 대신할 수 있는 것처럼 혹은 그걸로 충분한 것처럼 세월이 가는 대로 방관하고 있기 때문이다.

제대로 사는 법을 배우는 덴
평생이 걸린다

일이 너무 많아서 분주한 사람들은 웅변이나 학문의 영역을 제대로 수행할 수 없다고들 한다. 온갖 것들 때문에 산만해지면 어떤 것도 제대로 흡수하지 못하고 억지로 음식을 쑤셔 넣은 것마냥 곧바로 토해내기 마련이다.

분주하게 사는 사람들은 사는 데 별 관심이 없으며, 제대로 사는 법을 배우는 것만큼 어려운 것도 없다. 그 외의 기술을 습득하는 데는 큰 어려움이 없고, 어디를 가나 좋은 스승들이 존재한다. 그 중에는 미숙한 아이라도 충분히 이해할 수 있는 기술도 있다. 하지만 어떻게 살아야 하는지를 제대로 배우려면 평생이 걸린다. 더욱 놀라운 것은 어떻게 죽음을 맞이해야 하는지 배우는 데도 평생이 걸린다는 사실이다.

남은 인생이
얼마나 되는지 가늠해보라

우리를 간절히 필요로 하는 자들은 우리의 것을 하나둘 빼앗아가기 바쁜 법이다. 자기 유산을 노리는 자들을 자극하기 위해서 꾀병을 부리느라 얼마나 많은 시간을 빼앗겨야 했을까? 또 진실한 벗도 아니면서 남들에게 잘난 척을 하고 싶어 당신을 찾아오느라 바빴던 자들에게 얼마나 많은 시간을 빼앗겼는가?

제발 우리에게 남은 인생이 얼마나 되는지 가늠해보라. 그러면 앞으로 시간이 별로 없다는 사실을 깨달을 수 있을 것이다.

오래 살아남기보다
제대로 인생을 살라

백발이 성성한 머리카락이나 깊은 주름만 보고 살만큼 살았다고 섣불리 판단해서는 안 된다. 백발의 노인은 그저 오래 살아남은 것이지 제대로 인생을 살았다고는 단언할 수 없기 때문이다.

출항하자마자 거센 폭풍우를 만나 사방에서 불어오는 바람에 실려 똑같은 자리를 빙빙 맴돌며 표류했다고 해서, 오랜 항해를 마쳤다고 볼 수는 없는 일이 아닌가. 그저 물에 오래 떠 있었던 것이지 제대로 항해를 한 것은 아닐 테니까 말이다.

삶이 언제 끝날지 모르므로
시간을 신중하게 사용하라

지금까지 살아온 날들을 하루하루 세어볼 수 있듯이 앞으로 남은 세월을 세어볼 수 있다면 앞으로 남은 날이 얼마 없는 사람은 엄청난 두려움을 느끼고 남은 인생을 알뜰히 보내려고 할 것이다. 제 아무리 소소한 것이라도 자신에게 주어진 것이 지극히 제한되어 있다면 알뜰히 사용하기 마련이다. 그러므로 언제 끝날지 모르는 인생을 사는 우리들은 더더욱 시간을 신중하게 사용해야만 한다.

다시 되돌아갈 수도 없고,
멈출 수도 없다

그 누구도 지나간 세월을 돌려주지 않으며 당신을 과거로 되돌려 놓지 못한다. 우리 인생은 처음 시작점에서 그대로 흘러갈 것이며 다시 되돌아가거나 멈추어 서지도 않을 것이다. 인생이란 정확히 어느 정도 속도로 가는지도 알리지 않은 채 고요하게 흘러간다. 왕의 지시를 받는다고 해서 국민들이 간청한다고 해서 인생이 더해 지지도 않는다. 맨 처음 세상에 태어나서 인생을 시작한 대로 시간은 계속 달려가고, 방향을 바꾸거나 한곳에 머물지 않는다.

그 결과는 어떠할 것인가? 우리는 정신없이 분주하고 시간은 계속 흐르고 있다. 그러다 어느 지점에 이르면 원하든 원치 않든 마지막 순간을 맞이해야만 한다.

우리에게 주어진
오늘을 즐겨라

베르길리우스는 "가장 빛나는 시절"이라는 표현 대신 "가장 빛나
는 날"이라고 하며, 하루하루를 헛되이 보내는 인간들의 실수를
점잖게 지적한다. 시시각각 시간이 흘러가고 있는데, 왜 그리 느긋
하고 태평하게 한 달을, 한 해를 헛되이 보내고 있는가? 시인은 우
리에게 주어진 하루, 지금 이 순간에도 저만치 달아나고 있는 오
늘에 대해 이야기하고 있다.

모든 것이 오롯이
자신에게 달려 있다

현실적으로는 한가로운 삶을 즐길 수 없었기 때문에 그저 꿈을 꾸는 것만으로도 행복할 수 있는 것이다. 아우구스투스 황제는 모든 것이 오롯이 자신에게 달려 있음을 알고 있었다. 그래서 한 국가와 민족의 운명을 좌우하는 중책을 맡고 있으면서도 언젠가 공직에서 물러나 여유롭게 살날을 그리며 나름대로 소소한 즐거움을 누렸던 것이다.

엄청난 부를 가졌지만
한시도 쉴 수 없다면

마르쿠스 키케로는 몰락하는 국가를 지키기 위해서 무던히 애를 쓰다가 결국 함께 휩쓸려가고 말았다. 엄청난 부를 가졌지만 한시도 쉴 수 없었고, 온갖 역경을 겪으며 끝내 참아내지 못했다. 물론 충분히 그럴 만한 이유가 있었지만 평소 자랑을 늘어놓았던 집정관이라는 자신의 직책을 저주하지 않을 수 없었다.

죽음에 의해
질질 끌려다니지 마라

우리가 사는 인생이 얼마나 짧은지 정말 알고 싶은가? 하루라도 더 살고 싶어 안달하는 사람들을 보라! 살날이 얼마 남지 않은 노인들은 몇 년만 더 살게 해달라고 애걸한다.

자기 나이보다 젊은 것처럼 행동하며 기쁨을 얻고 자신을 기만해가며 운명조차 속일 수 있는 것처럼 행동하기도 한다. 하지만 결국 자신의 나약함에 굴복하고 유한한 존재임을 깨달은 후, 겁에 질려 죽음을 맞이한다. 죽음을 기꺼이 맞는 것이 아니라 죽음에 의해 질질 끌려가는 것처럼 말이다.

또한 지금까지 제대로 살지 못했고 너무 바보처럼 살았노라고 후회하며 병상에서 일어나기만 하면 앞으로는 제대로 인생을 즐기며 살 거라고 한다. 정작 제대로 누리지도 못할 것을 얻기 위해 기를 쓰며 아등바등 살았던 것이 얼마나 헛된 일이었는지 돌이켜 보면서 마침내 그간의 노력이 아무짝에도 쓸모없는 것임을 깨닫게 되는 것이다.

인생은 짧지만
충분히 즐길 만큼 길다

여유를 가진 사람들의 삶은 한없이 길다. 다른 무언가에 좌우될 일도 없고, 사방에 흩어져 있지도 않다. 행운의 여신에게 기댈 일도, 무관심으로 인해 잃어버린 일도, 괜한 선심을 쓰느라 낭비하는 일도, 쓸데없이 넘칠 일도 없다. 말하자면 그들은 인생 전체를 투자해 이익을 내고 있는 것이다.

아무리 인생이 짧다고 해도 충분히 즐기고 남을 정도로 길다. 그래서 현인들은 인생의 마지막 순간이 닥쳐도 절대 서두르거나 머뭇거리지 않고 일정하게 걸음을 내딛을 수 있는 것이다.

철학자들이 알려주는
영원에 이르는 길

고귀한 철학자들은 영원에 이르는 길을 가르쳐줄 것이며, 아무도 끌어내릴 수 없는 자리에 오르게 해줄 것이다. 이는 유한한 존재인 우리가 더욱 오래 살 수 있고 불멸의 길을 향해 갈 수 있는 유일한 방편이다.

오랜 세월이 지나도 파괴되지 않고 사라지지 않는 것은 아무것도 없다. 하지만 지혜를 바탕으로 이룩한 것들은 세월의 힘을 비껴갈 수 있다. 아무리 오랜 시간이 지난다고 해도 지혜로움은 사라지거나 줄어들지 않는다. 오히려 세대를 거듭해 나가며 더욱 존경심을 얻게 될 것이다. 자신의 손에 닿는 것은 질투의 대상이 되기 쉽지만 자신의 손이 닿지 않는 곳에 있는 것은 오로지 경탄의 대상이 되기 때문이다.

지나간 시간과 주어진 시간, 그리고 다가올 시간

지혜를 바탕으로 이룩한 것들은 세월의 힘을 비껴가기에 철학자의 삶은 광활한 수준으로 연장되기 마련이다. 그들은 다른 인간의 삶을 지배하는 법칙에서 자유롭다. 또한 모든 시대가 그를 신처럼 경배한다.

현자들은 지나간 시간을 기억 속에 소중히 품고, 주어진 시간을 잘 활용하고, 앞으로 다가올 시간을 손꼽아 기다린다. 모든 시간을 하나로 결합시켜서 인생을 더욱 길게 연장할 수 있는 것이다.

인생의 끝자락에서
비로소 깨닫게 되는 것

지나간 과거를 쉽게 잊고, 주어진 현재의 시간을 소홀히 하며, 미래의 시간을 두려워하는 자들의 인생은 짧고 불안할 수밖에 없다. 가련하게도 그런 자들은 인생의 끝자락에 이르러서야 지금까지 아무 일도 하지 못하고 그저 분주하게만 살았다는 것을 깨닫게 된다.

죽음을 구한다는 것은
죽음을 두려워한다는 것이다

미래의 시간을 두려워하는 자들이 인생의 끝자락에 이르러 제발 죽게 해달라고 기도를 한다고 해서 그동안 충분히 살았기 때문이라고 착각해서는 안 된다. 워낙 어리석은 자들이라 죽음에 대한 두려움이 커져서 차라리 스스로 죽는 편이 낫지 않을까 생각하며 괴로워하는 것에 불과하기 때문이다. 그들이 죽음을 구하는 것은 사실 죽음을 두려워한다는 것의 반증이다.

충분히 살았다는
생각은 버려라

하루가 너무 길게 느껴진다고 해서, 저녁 식사 시간이 될 때까지 오래 기다리는 것이 불편하다고 해서 충분히 살았다고 생각해서도 안 된다.

만약 지금의 관심사들이 시들해지고 할 일이 없어지면 몸을 비비 틀면서 남은 시간을 주체하지 못하고 안달할 것이다. 검투사들의 경기 일정을 얼마 앞두지 않고 혹은 볼만한 구경거리나 재미난 일이 생기기를 기다릴 때 시간이 제발 빨리 지나기를 바라는 것과 같은 맥락이다.

지키기 위해 노력하는 삶은
짧고 비참하다

지키기 위해 노력하는 자들은 남들은 꿈도 꾸지 못할 엄청난 축복을 받았어도 불행할 테고, 행복이 최고조에 이른 순간에도 쉽사리 현실을 믿지 못한다. 자신의 손에 쥔 하나를 지키기 위해서 다른 하나가 필요하고, 하나의 소원을 이루고 나면 또 다른 기도를 시작한다.

가장 높이 오른 것일수록 더 쉽사리 추락하기 마련이다. 하지만 그 추락이 남에게 즐거움을 주지는 못한다. 무언가를 어렵사리 성취한 자들은 이를 지키기 위해서 부단히 노력해야 하기에 그들의 인생은 매우 짧고 비참할 수밖에 없는 것이다.

모든 것을 기꺼이
내려놓을 준비를 하라

언제라도 가진 것을 돌려달라는 명령이 떨어지면, 현인은 운명에 맞서 반항하지 않고 이렇게 말할 것이다.

"지금까지 내가 많은 것을 가지고 누릴 수 있게 해주어 정말 고맙습니다. 내가 가진 모든 것들을 지키기 위해서 엄청난 대가를 치러야 했지만, 운명이 시키는 대로 기꺼이 포기하겠습니다. 이 또한 무한히 감사할 따름입니다. 만약 그중 하나를 계속 가지고 있으라고 명령하신다면 평생 소중히 돌보도록 하지요. 하지만 그게 아니라면 정성스럽게 세공이 된 은 식기와 조각이 된 식기들, 그리고 집과 식솔들을 전부 돌려드리겠습니다."

만약 자연이 우리에게 주었던 능력을 다시 돌려달라고 말한다면 이렇게 답할 것이다.

"처음보다 더 고양된 영혼을 다시 돌려드리겠습니다. 나는 주저하지도 도망치지도 않겠습니다. 자연이 내게 주었던 모든 것을 즐거운 마음으로 돌려드릴 준비가 되어 있습니다."

제대로 죽는 법을
알아야 한다

우리가 왔던 곳으로 돌아가는 것이 뭐 그리 힘든가? 제대로 죽는 법을 알지 못하는 사람은 제대로 살 수도 없다. 그렇기 때문에 죽고 사는 문제에 큰 가치를 두기보다는 생사를 덧없는 것이라 여겨야 한다.

키케로는 이렇게 말했다.

"전투에 나선 검투사들이 수단 방법을 가리지 않고 살고자 할 때 우리는 적의를 느낀다. 반대로 죽음 자체를 두려워하지 않는 모습을 보이면 무한한 호의를 보인다. 우리도 그와 똑같은 입장에 처해 있다는 것을 깨달아야 할 것이다. 왜냐하면 죽음에 대한 공포가 때로는 우리를 죽음으로 몰고 가는 원인이 되기 때문이다."

평온한 죽음을
맞이하는 법

사악한 운명의 여신은 이렇게 말한다.

"왜 그대처럼 천하고 겁 많은 생명체를 살려두어야 하는가? 자기 목덜미를 선뜻 내놓지 못하기에 더 공격당하고 찔려서 다치게 될 것이다. 하지만 겁에 질려 목을 뒤로 빼거나 손으로 막지 않고 대담하게 상대의 칼에 맞선다면 더 오랫동안 살아남아 평온한 죽음을 맞을 수 있을 것이다."

죽음을 두려워하면
가치 있는 삶과 멀어진다

죽음을 두려워하는 자는 절대로 가치 있는 삶을 영위할 수 없다. 하지만 세상에 태어나는 순간부터 스스로 유한한 존재라는 것을 인지하고 주어진 조건에 맞추어 사는 사람은 강인한 정신력으로 단련되어 언제 어디서 벌어질지 모르는 일들에 맞설 수 있다. 언젠가 자신에게 벌어질 수도 있는 일에 대비함으로서 엄청난 불운으로 인한 충격을 경감시킬 수 있는 것이다.

　항상 불운에 대비하고 있는 사람은 막상 큰일이 닥쳐도 크게 놀라지 않지만 무사태평하게 운이나 바라며 안일하게 사는 사람은 엄청난 충격을 받을 것이다.

인생의 모든 것은
예고 없이 닥친다

질병이나 감금, 재앙, 화재로 인한 파괴는 그 어떤 것도 예고 없이 닥치지 않는 법이다. 나 또한 자연이 가져온 격동기 속에 살아온 바 있다.

　이웃에서 자주 들리던 죽은 자를 기리는 노랫소리, 횃불과 촛불을 켜고 너무 일찍 세상을 떠나버린 넋을 기리던 장례 행렬들을 잊을 수 없다. 가끔은 지축이 흔들리는 소음과 함께 건물이 무너져 내리기도 했다. 토론장에서, 원로 회의장에서, 혹은 사적인 모임에서 나와 함께했던 많은 사람들이 하룻밤 새 죽음의 밤을 건넜고, 우정을 나누며 악수했던 손들과 찰나의 작별을 해야 했다. 언제나 주변에서 맴돌던 위험들이 자신에게 벌어진다고 해서 그렇게 놀랄 일인가?

명망 있는 사람이라도
끝은 다르다

과거 최고의 권력을 쥐었던 사람도 다르지 않다. 세야누스 만큼 명망 높고 추앙받는 자리에 있었는가? 원로원의 호위 아래 집으로 귀가한 세야누스는 그날 밤, 수많은 백성들의 손에 찢겨 죽음을 맞았다. 백성들과 신들이 그에게 엄청난 명예를 주었지만, 그날 이후 티베르 강에 뿌릴 만한 제대로 된 살점 하나 남지 않았다.

Cicero

4장

키케로의
죽음 수업

자연의 법칙을
담담히 받아들이자

만약 여러분이 나 키케로의 지혜롭고 의연한 태도에 경탄을 금치 못하고 있다면, 그 이유는 바로 자연을 신처럼 따르고 최고의 지도자로 여기고 그 섭리에 충실히 순응하기 때문이라고 설명하고 싶다. 만약 자연이 훌륭한 작가라면 인생의 다른 시기들은 마냥 아름답게 표현해놓고 서투른 작가처럼 마지막 장만 엉망으로 써놓았을 리가 없다고 생각하기 때문이다.

그럼에도 나무에 열린 열매와 들판에 자란 곡식도 어느 정도 영글면 자연스레 바닥에 떨어지는 것처럼, 모든 드라마에는 엔딩이 필요한 법이다. 현인이라면 이를 담담히 받아들일 수 있어야 한다. 이를 거부하고 자연에 맞선다면 어떻게 될까? 과거 신들에 대항하려고 했던 우매한 존재들과 다를 바 없는 종말을 맞이할 것이다.

다음 세대를 이롭게 하고자
나무를 심고 있다

고상한 학자들 이야기는 이쯤에서 멈추고, 이제 사비니족의 들판을 휘젓고 다니던 로마 농부들과 나의 친구들에 대해서 이야기해 보겠다. 그들은 들판에 씨를 뿌리고 곡식을 수확하고 저장하는 중요한 작업이 진행되는 동안, 절대로 자리를 뜨는 법이 없다.

물론 앞으로 1년도 채 못 살고 세상을 떠날 거라고 믿는 사람은 아무도 없으니, 매년 농사에 최선을 다한다는 점에 대해서는 그리 놀라울 일이 없다. 하지만 정말 놀라운 것은 본인에게 아무런 이익을 주지 않을 일에도 최고의 노력을 기울인다는 점이다. 결국 다음 세대를 이롭게 하기 위해서 나무를 심고 있는 것이다.

소중한 그 무엇인가를
후손에게 전하고자 한다

우리의 시인 카이킬리우스 스타티우스*는 희극 〈죽마고우〉에서 이런 말을 했다. 나이가 지긋한 농부에게 무엇을 위해 들판에 씨를 뿌리느냐고 묻자, 그는 잠시도 지체하지 않고 이렇게 답했다.

"전지전능한 신들이 바라는 것이니까요. 조상님이 물려주신 소중한 곡식을 제가 후손들에게 그대로 물려주기를 바라고 계실 테니까요."

---

* 이탈리아 나폴리 출신인 고대 로마의 희극 시인.

인생의 끝자락에 이른
사람들에게만 허용되는 일

소년 시절에 우연히 루키우스 메텔루스*를 만난 적이 있다. 그는
두 차례나 집정관 직을 수행하고, 그로부터 4년 후 대사제에 임명
되어 22년간 자리를 지켰다. 하지만 노년의 나이에도 청년 못지
않은 기력을 자랑한 바 있다. 여기서 내 이야기까지 할 필요는 없
을 것이다. 물론 이는 나처럼 나이 지긋한 노인들이 가지는 일종
의 특권이자, 인생의 끝자락에 이른 사람들에게만 허용되는 일이
기는 하지만 말이다.

노년이 되어서
젊은 시절을 그리워하지 말자

지금 우리가 가진 것을 즐기되 그것이 사라졌다고 해서 아쉬워하지 말아야 한다. 청년이 소년 시절을 그리워하고, 장년이 청년 시절을 그리워하지 않아야 하는 것처럼 노년이 되어서 젊은 시절을 그리워하지 말아야 한다.

노년기의 원숙함은
자연의 섭리다

인생은 정해져 있다. 자연의 섭리에 따라서 단 한 번 정해진 길을 가야만 한다. 그리고 인생의 매 단계마다 정해진 특성이 있게 마련이다.

유년기에는 나약하고, 청년기에는 활기가 넘치며, 중년기에 접어들면 위엄을 갖추고, 노년기에는 원숙해진다. 이러한 특성들은 마치 제철이 되어야만 그 열매를 거두어들일 수 있는 자연의 섭리와도 같다.

인생은 나도 모르게 흘러
어느새 노년기에 이른다

항상 책을 보고 연구를 하는 사람들은 슬그머니 다가오는 노년을 쉽사리 알아차리지 못한다. 이처럼 인생은 나도 모르게 흘러서 어느새 노년기에 이르며, 순식간에 사그라드는 것이 아니라 오랜 시간에 거쳐 서서히 꺼지게 마련이다.

인생의 마지막 장에서
서투른 배우처럼 쓰러지지 말자

노인이 가진 특권을 제대로 사용하는 사람이야말로 인생이라는 연극 중 마지막 장에서, 서투른 배우처럼 쓰러지지 않고 자신의 역할을 끝까지 제대로 수행해내는 사람일 것이리라.

나이가 들면 의심이 많고, 화를 잘 내고, 고집불통이고, 괴팍해진다고들 한다. 어떻게 보면 인색해 보이기까지 한다. 하지만 그건 개개인의 성격적 결함이지 노년기에 나타나는 결함은 아니다.

게다가 고집불통이라든가 하는 여타의 기질들을 정당하다고 보기는 힘들더라도 나름대로 항변할 만한 여지가 있는 것들이다. 나이가 들면 사람들이 자신을 무시하고, 우습게 여기고, 하찮게 여긴다는 생각이 든다. 체력이 쇠약해지면 살짝 몸을 부딪치는 것조차 고통으로 다가오는 법이니 말이다. 하지만 그러한 결점들도 제대로 된 교육과 좋은 성품으로 충분히 개선될 수 있다.

세월이 지나도 시큼해지지 않는
와인 같은 노인이 되자

세월이 지나도 시큼해지지 않는 와인이 있는 것처럼 인간의 성격
또한 그러하다. 노년기에 접어들어 매사에 엄격해지는 것은 옳다
고 보지만, 모든 일이 그러하듯이 정해진 선을 지켜야만 한다. 어
떤 경우에도 지나쳐서는 안 된다.

남은 날도 많지 않은데
노잣돈 몇 푼에 기를 쓰지 말자

노인들이 탐욕스럽다는 말에 대해서는 따로 설명할 필요도 없다. 앞으로 남은 날도 많지 않은데 노잣돈 몇 푼 더 챙기자고 기를 쓰는 것만큼 어리석은 일이 어디 있을까?

죽음을 코앞에 두고
고통스러워하지 말라

노년기에 접어든 이들을 가장 고통스럽고 두렵게 만드는 마지
막 한 가지가 남았다. 그것은 바로 죽음이 코앞에 닥쳤다는 사
실이다.

죽음 따위는 인간이
두려워할 것이 못된다

노년기로부터 죽음에 이르기까지 그리 멀지 않다는 것은 분명한 사실이다. 그렇지만 그토록 기나긴 세월을 살아오면서 죽음 따위는 두려워할 것이 되지 못한다는 것을 배우지 못했다면 오히려 가련할 따름이다.

죽음이 인간의 영혼을 완전히 없애버린대도, 반대로 인간의 영혼을 영생의 길로 인도한다고 해도, 그저 모른 척해버리면 될 일이다. 그 이외의 가능성은 절대로 있을 수 없을 테니 말이다.

이 세상을 떠난 후에 비참해지지 않거나 혹은 행복하거나 둘 중 하나만 선택할 수 있다면 무엇이 두려울까? 제아무리 앞날이 창창한 젊은이라고 해도, 오늘 저녁까지도 멀쩡할 거라고 확신할 정도로 어리석은 자가 어디 있을까? 오히려 노인들보다 젊을수록 비명 횡사할 가능성이 높은 법이다.

젊은 나이에는 쉽게 병에 노출되고, 더욱 심하게 앓으며, 완치되기도 힘든 법이다. 때문에 그들 중에서도 지극히 소수만이 노년기까지 살아남는다. 만약 그런 일이 일어나지 않는다면 더 현명하고 나은 삶을 살 수 있을 텐데! 이성적이고 분별력이 있고 현명한 조언을 하는 것은 온전히 노인들의 몫이기 때문이다. 만약 노인들이 없다면 국가는 제대로 존립할 수 없을 것이다.

죽음의 문제는 노인에게만 국한된 것이 아니다

죽음의 문제는 비단 노인들에게만 국한된 것이 아니다. 다들 알다시피 죽음의 문제는 젊은이들에게도 똑같이 존재한다. 죽음은 나이를 가리지 않고 찾아온다. 나 역시 가장 아끼던 아들의 죽음을 통해 이를 깨달았고, 누군가는 형제들의 때 이른 죽음을 통해서 깨달았을 것이다.

젊은 사람들은 앞으로 살아갈 희망이 남아 있지만 노인들에게는 희망이 없다고 말할 것이다. 하지만 그것은 헛된 희망에 불과하다. 누가 봐도 불확실한 것을 확실하다고 여기고, 거짓된 것을 진짜라고 여기는 것보다 더 바보 같은 짓이 어디 있을까?

노인은 이미 오랜 세월을
버텨온 사람들이다

노인들은 달리 바라는 것이 없다고들 말한다. 오히려 노인들이 젊은이보다 좋은 위치를 차지하고 있다. 젊은이들이 바라는 것들을 이미 얻었으니 말이다. 누구나 오래 살고 싶어하지만 노인은 이미 오랜 세월을 버텨온 사람들이다.

죽음 후에 남는 것은
생전에 행한 미덕과 행동이다

오, 자비로운 신이시여! 인간의 인생에서 정녕 오래도록 이어지는 것이 무엇이란 말입니까? 인간의 수명은 어떠한가? 타르텟소스 왕의 나이까지 살 수 있다고 상상해보라. 가데스의 아르간토니오스는 80년간 국가를 통치하고, 120세까지 살았다고 전해진다. 하지만 마지막이 존재한다면 그 어떤 것도 충분히 오래지 않은 법이다. 마지막 순간이 닥치면 이미 지나간 과거는 사라져버리기 때문이다.

죽음 후에 남는 것은 생전에 행한 미덕과 올바른 행동의 산물들뿐이다. 시간과 하루, 한 달, 한 해는 조용히 흐르고, 지나간 과거는 돌아오지 않으며, 앞으로 다가올 미래는 누구도 예측할 수 없다. 그러므로 우리는 주어진 삶에 만족하며 살아야 한다.

수명이 짧거나 혹은 길다고
슬퍼할 필요가 없다

연극배우가 관객들의 박수를 받기 위해서 새로운 막이 시작될 때마다 무대에 등장할 필요는 없다. 어느 막에 등장하건 연기가 끝나고 박수갈채를 받으면 그뿐이다. 그와 마찬가지로 현인도 연극이 끝나고 누군가 관객들의 박수를 이끌어낼 때까지 그 자리를 지킬 필요는 없다. 아무리 짧은 수명을 타고난다고 해도, 자신에게 주어진 삶을 명예롭고 훌륭하게 살기에는 충분히 긴 법이다.

반대로 수명이 길다고 슬퍼할 필요도 없다. 따스한 봄날이 가고 여름과 가을이 왔다고 해서 농부가 슬퍼할 필요는 없지 않은가? 봄은 젊음의 계절이고 앞으로 결실의 시기가 다가올 것을 약속하지만, 이어지는 여름과 가을은 그동안 맺은 결실을 수확하기에 좋은 계절이기 때문이다.

죽음을 맞이하는 것보다
조화로운 일은 없다

노년기의 결실이란 앞서 말했던 것처럼 지금까지 행했던 미덕을
회상할 수 있는 무궁무진한 기회를 뜻한다. 다시 한 번 말하지만
자연과 조화를 이루는 모든 것들은 미덕으로 여겨야 마땅하다. 그
렇다면 나이가 들어서 죽음을 맞이하는 것보다 조화로운 일이 어
디 있을까?

노인의 목숨을
앗아가는 것은 원숙함이다

때로는 젊은이들도 이른 나이에 죽음을 맞지만, 그때마다 자연이 거세게 반항을 한다. 때문에 젊은이들이 죽으면 거센 물살이 뜨거운 불길을 단숨에 꺼버리는 것처럼 보인다. 하지만 살만큼 산 노인이 죽음을 맞으면 오랫동안 타오르던 불꽃이 서서히 꺼지는 것처럼 자연스럽다.

과일이 제대로 익지 않았을 때는 수확하는 것조차 힘들다. 하지만 농익은 과일은 저절로 바닥에 떨어지듯이 젊은이들의 목숨을 앗아가는 것은 폭력이요, 노인들의 목숨을 앗아가는 것은 원숙함이다.

하루하루 죽음에
가까워질수록 충만해진다

나로서는 나이 들어가며 원숙함을 떠올리는 것만으로도 행복하다. 하루하루 죽음에 가까워질수록, 오랜 항해를 마치고 드디어 육지를 찾아 항구에 들어서는 선원이 된 것 같은 기분이 든다.

노인이 젊은이보다
더 자신감 있게 사는 이유

노년에는 그 한계가 정해져 있지 않다. 자신의 역할을 제대로 수행할 수 있고, 죽음을 개의치 않을 수 있다면 노년이 되어서도 행복하게 살아갈 수 있다. 그래서 노인들이 젊은이들보다 더욱 자신감 있고 용감하게 사는 것이다.

대체 무엇을 믿고 자신에게 이리 당당하게 맞서느냐는 폭군 페이시스트라토스의 물음에 솔론이 "그만큼 나이를 먹었기 때문이오"라고 답한 것도 이런 의미일 것이다.

남은 세월에 집착하거나
이를 포기해서는 안 된다

이성과 감각이 올바른 상태에서 자연이 손수 만들어놓은 작품을 자연 스스로 하나씩 원상태로 되돌릴 때, 인간의 삶은 최고의 종결을 맞이하게 마련이다. 커다란 배나 집도 애초에 이를 만든 사람이 가장 쉽게 해체할 수 있듯이, 가장 자연스럽게 우리를 원상태로 되돌리는 것은 바로 자연일 것이다.

게다가 새로 만든 구조물은 허물기가 어렵지만 오래된 구조물은 쉽게 허물어지게 마련이다. 때문에 노년기에는 앞으로 남은 짧은 세월에 지나치게 집착해서도 안 되고, 그렇다고 이를 너무 쉽게 포기해서도 안 된다.

육신이 식어버린 후에는
느낌이 없거나 홀가분하다

피타고라스는 전지전능한 신의 명령 없이 멋대로 주어진 초소를 이탈해서는 안 된다고 주장한다. 현자 솔론은 본인이 죽고 나면 가까운 친구들이 진심으로 슬퍼하고 죽음을 애도해주기를 바란다는 내용의 시를 남겼다. 그만큼 친구들에게 소중한 존재로 남기를 바랐던 것이 분명하다. 하지만 나는 시인 엔니우스의 글이 훨씬 더 마음에 와닿는다.

"어느 누구도 눈물로 나의 죽음을 애도하지 말 것이며
큰 소리로 장송곡을 부르며 나의 시신을 파묻지 말라."

그는 죽은 후에는 영원불멸함이 이어지기 때문에 슬퍼할 이유가 없다고 생각했던 것 같다.

물론 죽음이 닥치면 이를 온몸으로 느낄 수 있겠지만 매우 짧은 시간에 그칠 것이다. 육신이 식어버린 후에는 아무 느낌이 없거나 오히려 홀가분한 기분이 들지 모른다.

죽음을 두려워하지 않는 신념을
젊을 때부터 가지자

죽음을 개의치 않으려면 젊을 때부터 죽음을 두려워하지 않는 신념을 가져야만 한다. 그 정도의 굳은 신념 없이는 그 누구도 마음의 평온을 찾을 수 없다.

인간은 죽게 마련이고, 어쩌면 오늘이 그날일지도 모른다. 언제 닥칠지 모르는 죽음을 두려워하며 산다면 어떻게 굳건한 마음으로 살아갈 수 있으랴!

거듭된 세월을 살아내고
농익은 후에야 죽는다

자신이 추구하던 일에 관심을 잃으면 인생 자체도 무료해지는 법이다. 소년기에는 나름대로 목표를 가지고 살아간다. 청년기가 되면 어릴 적 꿈이 그리울까? 청년이 되면 또 새로운 목표가 생긴다. 그렇게 중년이 되면 어떠한가? 중년에 접어들면 또 새로운 목표가 생기게 마련이다.

노년기가 되면 이전의 것들에는 관심이 없어진다. 노인들에게는 또 나름대로의 관심사가 생기는 법이다. 그렇게 세월을 살아가면서 지난 시절의 목표들이 사라지듯, 노년기의 관심 또한 사라진다. 이처럼 인간은 거듭된 세월을 살아내고 농익은 후에야 죽음을 맞이한다.

최고로 만족스러운 상태로
죽음을 맞이하자

가장 현명한 자는 최고로 만족스러운 상태로 죽음을 맞고, 가장 어리석은 자는 마지못해 눈을 감는 것인가? 더 멀리 명확하게 볼 수 있는 영혼은 더 나은 곳으로 향한다는 것을 알지만 제대로 보지 못하는 영혼은 이를 보지 못하기 때문에 그렇게 되는 것은 아닐까?

태어난 것이 헛되지 않게
열심히 살았다면 충분하다

설사 지금 나이에서 다시 어린 시절로 돌아가게 해준대도, 요람에 눕게 만들어준다고 해도 나는 단호하게 거절할 것이다. 이제야 길고 긴 경주가 끝나고 결승선에 들어왔는데 또다시 출발선으로 끌려가고 싶지는 않다.

다시 살게 된들 무슨 이득이 있을까? 삶 자체가 고행이 아니던가? 만약 어떠한 즐거움이 있다고 한들 언젠가는 한계가 찾아올 것이다. 그렇다고 유수한 철학자들이 그리했듯이 지난 삶을 한탄하려는 것은 아니며, 지금까지 살아온 삶을 후회하는 것도 아니다. 나는 세상에 태어난 것이 헛되지 않을 정도로 열심히 살아왔기 때문이다.

삶이란 영원히 머무를 수 있는
집이 아니다

이 세상을 떠날 때는 편안한 집이 아니라 잠시 기거하던 거처를 떠나는 기분이 들 것 같다. 자연이 우리에게 준 삶이란 영원히 머무를 수 있는 집이 아니라 그저 잠시 쉬었다가 가는 거처에 불과하기 때문이다.

신성한 영혼들이 모여 있는
하늘로 떠나는 그날

온갖 혼란이 난무하는 혼탁한 속세를 떠나 신성한 영혼들이 모여 있는 하늘로 떠나는 그날은 얼마나 영광스러울 것인가! 그곳에 가면 나의 아들 카토도 만나볼 수 있으리라. 누구보다 효심이 깊고 타고난 심성이 아름다운 아이였다.

아들의 손에 내 시신이 화장되었어야 마땅한 일인데 반대로 내가 아들의 시신을 화장했다. 그렇다고 카토가 내 영혼을 저버린 것은 아니다. 내가 있는 곳을 뒤돌아보며 언젠가 내가 가게 될 곳으로 미리 가서 기다리는 것뿐이다. 사람들 눈에는 아들을 잃고도 의연하게 견뎌내는 것처럼 보였겠지만 아들과 떨어져 있는 시간이 그리 길지 않을 거라는 믿음 하나로 위안을 삼을 수 있었다.

노년이란 큰 짐이 아니라
오히려 즐거운 과정이다

노년이란 나에게는 큰 짐이 되지 않고 오히려 즐거운 과정으로 느껴진다. 인간의 영혼이 불멸한다는 나의 믿음이 그릇된 것이라면 기꺼이 실수를 인정하겠다. 하지만 내가 살아 있는 동안 즐거움을 준다면 기꺼이 그릇된 믿음을 가지고 살아가고 싶다.

인생이라는 거대한 연극의
마지막 장이 노년이다

노년은 인생이라는 거대한 연극의 마지막 장이다. 그렇기 때문에
아무리 지겹고 힘들더라도 끝까지 지치지 않고 계속 앞으로 나아
가야 한다.

세상만물이 그렇듯
인간의 삶에도 한계가 있다

몇몇 보잘것없는 철학자들이 말하는 것처럼 세상을 떠난 후에 아무런 감각을 느낄 수 없게 되어서 혹여 나의 그릇된 생각을 비웃을까봐 두려워할 필요도 없다. 또한 인간이 불멸의 존재가 될 수 없는 것이라고 해도 적절한 시기가 되면 삶을 마무리 짓는 것이 바람직하다. 자연은 세상만물에도 그렇지만 인간의 삶에도 일정한 한계를 정해두었기 때문이다.

Tolstoy

5장

톨스토이의
죽음 수업

삶의 목적을
알고 있어야 한다

모든 새는 항상 둥지를 어디에 틀어야 할지 알고 있다. 둥지를 어디에 어떻게 틀어야 할지 알고 있다는 것은 삶의 목적을 알고 있다는 말이다. 모든 창조물 가운데 가장 지혜롭다는 인간은 왜 새들도 알고 있는 인생의 목적을 알지 못할까?

인간이 가진
가장 중요한 재산

나는 인간이 죽거나, 돈과 집과 재산을 잃어버리는 것을 슬퍼하지 않는다. 그러나 가장 중요한 재산인 인간의 존엄성을 잃는 것은 참으로 슬픈 일이다.

가장 중요한 시간과
가장 중요한 사람

현자에게 인생에서 가장 중요한 시간과 가장 중요한 사람과 가장 중요한 것이 무엇이냐고 물었다. 현자는 이렇게 대답했다.

"가장 중요한 시간은 현재다. 왜냐하면 인간이 자신을 지배할 수 있는 때는 바로 지금이기 때문이다. 가장 중요한 이는 현재 당신이 대하고 있는 사람이다. 왜냐하면 이 세상에서 어떤 다른 사람과 상대할 수 있다는 보장이 없기 때문이다. 가장 중요한 것은 지금 그 사람을 사랑하는 것이다. 왜냐하면 모든 사람은 오로지 다른 사람을 사랑하기 위해 이 세상에 왔기 때문이다."

지금 현재에
최선을 다하자

진정한 삶은 현재에 있다. 만약 사람들이 당신에게 미래를 위해 준비하는 삶을 살아야 한다고 말한다면, 믿지 말라. 우리는 현재 삶을 살고, 현재 삶만 알고, 그러므로 우리는 현재의 삶을 발전시키는 데 힘을 기울여야 한다. 모든 삶이 아니라 현재 삶의 한순간 한순간에 최선을 다해 살아야 한다.

무엇을 해야 할지
의심이 들 때

무엇을 해야 할지 의심이 들 때, 당장 죽을 수도 있다는 것을 생각해보라. 그러면 모든 의구심들이 사라질 것이고, 당신의 의식이 말하는 바를, 진정 당신이 원하는 것이 무엇인지를 분명하게 알 수 있을 것이다.

죽음은 재앙이 아니라
축복이다

소크라테스가 말하기를, 만약 죽음이 영구적으로 잠을 자는 상태라면, 우리는 모두 이 상태를 알고 있고, 두려워할 것이 아무것도 없다는 것도 알고 있다. 만약 죽음이 많은 사람들이 생각하는 것처럼 더 나은 삶으로 옮겨 가는 것이라면, 죽음은 재앙이 아니라 축복인 것이다.

인생에서 올바른 길을 찾자

인생에서 올바른 길은 아주 좁지만 그것을 찾는 것은 중요한 일이다. 늪을 가로질러 세워놓은 나무 통로처럼, 우리가 그 길을 알 수 있는 것처럼 당신도 알 수 있다. 하지만 그 길에서 내려온다면 오해와 악의 늪에 빠져버릴 것이다.

현명한 사람은 단번에 진실의 길로 돌아간다. 하지만 나약한 사람은 점점 더 깊은 늪으로 빠져들어 점점 더 빠져나오기가 어려워진다.

끝없이 즐거운 삶을
살아가는 방법

이 세상의 삶은 눈물의 계곡이나 재판장이 아니라 우리의 상상을
초월하는 것이다. 우리가 삶이 준 방법대로 살아간다면 삶은 끝없
이 즐거울 수 있다.

선택의 기로에서
고민하는 당신에게

이렇게 해야 하는지 저렇게 해야 하는지 고민일 때는, 오늘 저녁에
당신이 죽을 수도 있고, 아무도 당신이 죽은 사실을 모른다면 어떻
게 하겠는가를 자신에게 물어보라. 죽음은 사람들이 자신의 일을
마무리하도록 박차를 가한다.

부와 명예는
빈껍데기에 불과하다

당신이 길에 호두나 과자를 뿌려놓으면, 아이들이 와서 그것들을 서로 주우려고 다투는 걸 보게 될 것이다. 어른들은 그런 일로 싸우지 않는다. 그러나 빈 호두 껍데기는 아이들조차 주우려고 하지 않는다.

　현명한 사람에게, 부와 명예와 이 세상이 주는 보상들은 길에 떨어진 사탕이나 빈껍데기 같은 것이다. 아이들은 줍다가 싸우도록 내버려 두어라. 부자와 권력자, 그들의 하인의 손에 입 맞추도록 내버려 두어라. 현명한 사람에게는 이 모든 것이 빈껍데기일 뿐이다.

사라지는 것과
영원한 것을 분별하자

우리가 직면한 중요한 문제 중 하나는 우리의 생이 죽음 뒤에 끝나느냐 아니냐 하는 것이다. 우리가 내세를 믿느냐, 믿지 않느냐에 따라 우리의 행동이 결정된다. 그러므로 우리 속에서 사라지는 것과 영원한 것을 밝혀내 영원한 것들을 소중히 하는 일은 중요하다. 하지만 대부분의 사람들은 꼭 그 반대로 한다.

우리는 모두
이 세상의 손님이다

우리는 모두 이 세상의 손님이다. 당신이 이 세상 어디를 가든, 북쪽으로 가든, 남쪽으로 가든, 서쪽으로 가든, 동쪽으로 가든, 거기에는 항상 당신에게 "여기는 내 땅이오. 여기서 나가시오"라고 말하기 위해 기다리는 사람이 있을 것이다.

당신이 이 세상의 다른 나라에서 돌아왔을 때, 당신 부인이 아이를 낳거나 당신이 정착해서 일을 시작할 수 있는, 혹은 당신이 죽고 나서 당신의 아이들이 당신의 뼈를 묻을 수 있는 땅 한 평이 어디에도 없다는 것을 알게 될 것이다.

나는 오늘 어떤
좋은 일을 할까

눈뜰 때마다 자신에게 물어라. "나는 오늘 어떤 좋은 일을 할까?"
태양이 노을을 드리우며 저물면, 자신의 삶의 일부도 태양과 함께
저물어간다는 것을 기억하라.

진정한 삶은
현재에 존재한다

과거는 이제 존재하지 않는다. 미래는 아직 오지 않았다. 현재는
존재하지 않는 과거와 다가올 미래가 만나는 시간 속의 무한한 작
은 점이다. 시간이 없는 이 점에서 바로 인간의 진정한 삶이 존재
한다.

죽음을 걱정하는
당신에게

죽는 순간을 걱정하는가? 우리의 삶은 영원의 한순간일 뿐이다.
생각해보라. 그러면 당신 이전에도 당신 이후에도 영원이 있다는
것을 알게 것이다. 이 두 거대한 심연 사이에서 당신이 3일을 살든
3세기를 살든 무슨 차이가 있겠는가?

현재에 모든 정신력을
집중시키자

시간은 존재하지 않는다. 작고 무한한 현재만이 존재할 뿐이다. 그리고 이 현재 속에서만 우리의 삶이 존재한다. 그러므로 인간은 현재에 모든 정신력을 집중해야 한다.

기도는 남은 생을
살아가게 하는 힘이다

깊은 광산에 파묻힌 사람, 빙하에 갇혀 추위에 떨고 있는 사람, 바다 한가운데 홀로 굶어 죽어가고 있는 사람, 독방에 갇혀 고독 속에 쇠약해진 사람, 집에서 죽어가는 사람, 들리지 않고 보이지 않는 사람, 이런 사람들에게 기도가 없다면 이런 남은 생을 어떻게 살 수 있겠는가?

자기 자신만을 위해
살지 않기

하늘과 땅은 영원하다. 이 둘은 자신을 위해 존재하는 것이 아니기 때문에 영원한 것이다. 마찬가지로 진정한 성인도 자기 자신만을 위해 살지 않으므로 영원해질 수 있으며 모든 것을 성취할 수 있다.

삶의 목적을
찾으며 살자

삶의 목적을 찾지 않고 살아가는 것은 불가능하다. 인간이 해야 할 첫 번째 일은 삶의 의미를 이해하는 것이다. 그러나 스스로 교양이 있다고 여기는 대부분의 사람들은, 자신이 아주 높은 위치에 이르렀기 때문에 존재의 의미는 신경 쓰지 않는다며 자만하고 있다.

이미 지난 과거를
후회하지 말라

과거를 후회하지 말라. 후회가 무슨 소용이 있겠는가? 거짓은 당신에게 후회하라고 말한다. 진실은 당신에게 사랑으로 채워야 한다고 말한다.

슬픈 기억들은 모두 멀리 밀어버려라. 지나간 일은 이야기하지 말라. 사랑의 빛 속에서 살아라. 그러면 모든 것이 당신에게로 올 것이다.

내가 어디서
생겨났는지를 알자

죽은 뒤 영혼은 어떻게 될까 생각할 때, 태어나기 전 영혼은 어떠했을지에 대해서도 생각해보라. 만약 당신이 어딘가로 갈 계획이라면 당신은 어딘가에서 온 것이다.

도덕률을 깨닫기 위해 노력하자

사람들은 장사를 하고 계약을 하고 협상을 하고 전쟁을 하고 학문과 예술을 하면서 바쁜 것처럼 보인다. 사실은 그들이 하고 있는 것은 단 한 가지 일이다. 그것은 그들이 삶의 신조로 여기는 도덕률을 깨달으려고 하는 것이다. 이 깨달음이야말로 가장 중요한 일이며, 인간이 행하는 유일한 일이다.

인간은 완전히
소멸될 수 없다

인간은 신의 일부로서, 신의 표시로서 태어나고 살아간다. 그러므로 인간은 완전히 소멸될 수 없다. 우리 눈앞에서 사라질 수는 있으나 소멸될 수는 없다. 어떤 사람이 오랫동안 나의 시야에 있고 어떤 사람은 내 시야에서 아주 빨리 사라진다 해도, 나는 전자가 더 많이 살았고 후자가 덜 살았다고 말할 수 없다.

내 창문에서 빨리 지나가든 천천히 지나가든 상관없다. 그 사람이 내가 보았던 이전에도 존재했고, 내 시야에서 사라진 이후에도 존재할 거라는 사실을 나는 분명히 알고 있다.

우리의 삶은
투쟁이며 여정이다

삶은 우리를 일하지 않고 한가하게 살게 내버려두지 않는다. 우리의 삶은 투쟁이며 여정이다. 선은 악과 투쟁해야 하며, 참은 거짓과 투쟁해야 한다. 자유는 속박과 투쟁해야 하며, 사랑은 증오와 투쟁해야 한다. 삶은 우리의 이성과 감성 속에서 성스러운 빛으로 우리를 비추는 이념들을, 실천하는 길로 이끄는 발걸음이며 움직임이다.

우리가 살아가면서
꼭 믿어야 할 것

우리는 우리 내부에, 그리고 이 세상에 존재하는 선이 실현될 것이라고 믿어야 한다. 이것이 바로 그것을 실현하게 만드는 가장 중요한 조건이다.

어리석은 자의
죽음은 허망하다

우리는 자주 이런 말을 한다. "비가 오는 계절에는 여기서 살아야지. 여름에는 거기서 살아야지." 어리석은 사람은 이런 꿈을 꾼다. 왜냐하면 죽음을 생각하지 않기 때문이다. 그러나 그때 죽음이 찾아와, 바쁜 사람이나 뭔가에 몰입하고 탐욕스럽게 사는 사람이나 정신없이 사는 사람이나 할 것 없이 모두를 데려가버린다.

죽음이 찾아 왔을 때는 자식도 부모도 가족도 친구도 아무도 도와줄 수가 없다. 이런 사실을 알고 있는 현명한 사람은 마음의 평안에 이르는 길을 찾는다.

모든 선한 것은
덕이다

모든 선한 것은 덕이다. 목마른 사람에게 물을 주는 것, 길에 있는 돌을 치우는 것, 이웃과 친구에게 덕을 행해야 한다고 깨닫도록 하는 것, 나그네에게 길을 가르쳐주는 것, 이웃을 보고 미소를 짓는 것, 이 모든 것이 덕이다.

아름다운
죽음에 대해

당신이 세상에 나타났을 때, 당신은 울고 주위의 모든 사람들은 모두 기뻐했다. 이 세상을 떠날 때는 당신은 기뻐하고 주위의 모든 사람들은 울도록 삶을 살아야 한다.

남을 위해
나를 희생할 수 있는가

사랑은 한 사람이 다른 사람을 위해 자신을 희생할 수 있을 때 비로소 진정한 사랑이 된다. 한 사람이 다른 사람의 이익을 위해 자신을 잊고, 그 사람을 위해 살 때 비로소 진실한 사랑이라 할 수 있다. 이러한 사랑 속에서만 우리는 생의 보답과 축복을 받는다. 이것이 세상의 토대다.

힘겨워 죽음을
생각하는 당신에게

단지 사는 게 힘들다는 이유로 죽기를 바라면 안 된다. 당신의 어깨에 놓인 버거운 짐들은 당신이 사명을 다할 수 있도록 도울 것이다. 당신의 버거운 짐을 없애는 단 한 가지 방법은 사명을 이루는 삶을 사는 것이다.

최선의 방법으로
죽음을 준비하라

죽음을 준비할 때, 종교적인 의식이나 일상의 일들을 정리하는 평범한 일들은 걱정하지 말라. 가능한 최선의 방법으로 죽을 준비를 하라. 당신이 어느 정도 다른 세상의 존재가 되었을 때, 당신의 말과 행동이 이 세상에 남아 있는 사람들에게 특별한 힘이 될 수 있도록, 죽음이라는 순간의 강력한 영향력을 이용하라.

■ 독자 여러분의 소중한 원고를 기다립니다

메이트북스는 독자 여러분의 소중한 원고를 기다리고 있습니다. 집필을 끝냈거나 집필중인 원고가 있으신 분은 khg0109@hanmail.net으로 원고의 간단한 기획의도와 개요, 연락처 등과 함께 보내주시면 최대한 빨리 검토한 후에 연락드리겠습니다. 머뭇거리지 마시고 언제라도 메이트북스의 문을 두드리시면 반갑게 맞이하겠습니다.

■ 메이트북스 SNS는 보물창고입니다

메이트북스 홈페이지 www.matebooks.co.kr

책에 대한 칼럼 및 신간정보, 베스트셀러 및 스테디셀러 정보뿐만 아니라 저자의 인터뷰 및 책 소개 동영상을 보실 수 있습니다.

메이트북스 유튜브 bit.ly/2qXrcUb

활발하게 업로드되는 저자의 인터뷰, 책 소개 동영상을 통해 책에서는 접할 수 없었던 입체적인 정보들을 경험하실 수 있습니다.

메이트북스 블로그 blog.naver.com/1n1media

1분 전문가 칼럼, 화제의 책, 화제의 동영상 등 독자 여러분을 위해 다양한 콘텐츠를 매일 올리고 있습니다.

메이트북스 네이버 포스트 post.naver.com/1n1media

도서 내용을 재구성해 만든 블로그형, 카드뉴스형 포스트를 통해 유익하고 통찰력 있는 정보들을 경험하실 수 있습니다.

STEP 1. 네이버 검색창 옆의 카메라 모양 아이콘을 누르세요. STEP 2. 스마트렌즈를 통해 각 QR코드를 스캔하시면 됩니다. STEP 3. 팝업창을 누르시면 메이트북스의 SNS가 나옵니다.